# 时代印记

王志艳◎编著

# 鲁迅

延边大学出版社

图书在版编目（CIP）数据

寻找鲁迅/王志艳编著 .—延吉：延边大学出版
社，2013.8(2020.7 重印)
ISBN 978-7-5634-5909-4

Ⅰ.①寻… Ⅱ.①王… Ⅲ.①鲁迅（1881～1936）—
传记—青年读物②鲁迅（1881～1936）—传记—少年读物
Ⅳ.① K825.6-49

中国版本图书馆 CIP 数据核字 (2013) 第 209685 号


**寻找鲁迅**

编著：王志艳
责任编辑：李　宁
封面设计：映像视觉
出版发行：延边大学出版社
社址：吉林省延吉市公园路 977 号　邮编：133002
电话：0433-2732435　传真：0433-2732434
网址：http://www.ydcbs.com
印刷：唐山新苑印务有限公司
开本：690×960　1/16
印张：11 印张
字数：100 千字
版次：2013 年 8 月第 1 版
印次：2020 年 7 月第 3 次印刷
书号：ISBN 978-7-5634-5909-4
定价：29.80 元

# 前言

　　历史发展的每一个时代，都会有对后世产生巨大影响的人物，都会有推动我们前进的力量。这些曾经创造历史、影响时代的英雄，或以其深邃的思想推动了世界文明的进步，或以其叱咤风云的政治生涯影响了历史的进程，或以其在自然科学领域中的巨大成就为人类造福……

　　总之，他们在每个时代都留下了深深的印记，烙上了特定的记号。因为他们，历史的车轮才会不断前进；因为他们，每个时代的内容才会更加精彩。他们，已经成为历史长河的风向标，成为一个时代的闪光点，引领着我们后人走向更加深邃的精神世界和更加精彩的物质世界。

　　今天，当我们站在一个新的纪元回眸过去的时候，我们不能不提起他们的名字，因为是他们改变了我们的世界，改变了人类历史的发展格局。了解他们的生平、经历、思想、智慧，以及他们的人格魅力，也必然会对我们的人生产生深刻的影响。

　　为了能了解并铭记这些为人类历史发展做出过巨大贡献的人物，经过长时间的遴选，我们精选出一些最具影响力、最能代表时代发展与进步的人物，编成这套《时代印记》系列丛书，其宗旨是：期望通过这套青少年乐于、易于接受的传记形式的丛书，对青少年读者的成长产生潜移默化的影响，使他们能够从中吸取到有益的精神元素，立志奋进，为祖国、为人类作出自己的贡献。

# 前言

　　本套丛书写作角度新颖，它不是简单地堆砌有关名人的材料，而是精选了他们一生当中最富有代表性的事迹与思想贡献，以点带面，折射出他们充满传奇的人生经历和各具特点的鲜明个性，从而帮助我们更加透彻地了解每一位人物的人生经历及当时的历史背景，丰富我们的生活阅历与知识。

　　通过阅读这套丛书，我们可以结识到许多伟大的人物。与这些伟人"交往"，也会进一步提高我们的思想品格与道德修养，并以这些伟人的典范品行来衡量自己的行为，激励自己不断去追求更加理想的目标。

　　此外，书中还穿插了许多与这些著名人物相关的小知识、小故事等。这些内容语言简练，趣味性强，既能活跃版面，又能开阔青少年的阅读视野，同时还可作为青少年读者学习中的课外积累和写作素材。

　　我们相信，阅读本套丛书后，青少年朋友们一定可以更加真切、透彻地了解这些伟大人物在每个时代所留下的深刻印记，并从中汲取丰富的人生经验，立志成才。

# 导 言

## Introduction

鲁迅（1881—1936），原名周树人，字豫才。中国著名的文学家、思想家、评论家、革命家和社会活动家。他一生笔耕不辍，创作杂文、小说、诗歌、评论、散文等作品500余万字，辑校古籍和书信100余万字，对"五四运动"后的中国文学和中国无产阶级革命进程产生了深远而广泛的影响，被誉为"民族魂"。

鲁迅出生于浙江绍兴的一个没落官僚之家，早年曾在绍兴接受传统教育，奠定了坚实的国学基础。

戊戌维新期间，新式学堂在中国大地遍地开花，有志青年纷纷进入新式学堂学习现代工业技术，希望以科学技术挽救陷入危难之中的国家与民族。鲁迅也顺应时代潮流，先后考入江南水师学堂、江南矿务铁路学堂，"学洋务"（即学习西方的科学技术）。在此期间，鲁迅开始接触达尔文的进化论等新思想，视野逐渐宽广起来。

从江南矿务铁路学堂毕业后，鲁迅考取了官费留学的名额，赴东京弘文学院学习日语。两年后，他接受日本友人的建议，进入仙台医学专门学校学习现代医学。之所以选择学习现代医学，主要有两个原因：其一，父亲的病故使鲁迅对中医产生了严重的怀疑；其二，国人羸弱的身体需要现代医学来医治。

在仙台医专期间，鲁迅偶然看到了一部关于日俄战争的纪录片，其中的中国人对日军残酷杀害祖国同胞的无动于衷深深刺激了他。他认为，中国之所以落后，并不是因为科学技术比不上西方，而是因为国人精神上的麻木不仁，"救国救民需先救思想"。于是，鲁迅毅然弃医从文，希望用文学改造国民的"劣根性"。

从此之后，鲁迅始终将文艺救国作为自己的目标，用手中的笔作为武器，与封建势力、帝国主义展开了决战。

虽然在文艺救国之路上走得十分艰难，但鲁迅从未想过放弃。从1918年开始，他呕心沥血，接连创作了《狂人日记》《孔乙己》《阿Q正传》等一系列具有划时代意义的作品，向黑暗的旧社会发起了猛烈的冲锋。从这个意义上来讲，鲁迅之笔乃是刀枪之笔！

在抨击旧社会的同时，鲁迅也没有忘记寻找救国之良药。在文章中，他大声疾呼，希望能够唤醒沉睡中的中华儿女，起来同反动派进行英勇的斗争。从这个意义上来讲，鲁迅之笔又是引领青年前进的灵魂之笔！

如今，鲁迅的身影虽然已在历史长河中消逝，但他的精神依然哺育着中华儿女。正如著名作家叶圣陶所说的那样：

"与其说鲁迅先生的精神不死，不如说鲁迅先生的精神正在发芽滋长，播散到大众的心里。"

本书从鲁迅的童年生活开始写起，一直追溯到他不懈奋斗、投笔从戎、最终献身革命，成为一名近代伟大的文学家、思想家、革命者的跌宕人生，旨在让广大青少年朋友了解中国文化革命的旗手、现代文学的开拓者曲折、坎坷的人生历程，从中汲取他那种自强不息、高贵凛然的民族精神，以及他那种忧国忧民、为拯救国民而坚持不懈的爱国主义情怀。

# 目 录
## contents

时代印记　目录

1

# 第一章　伟人降生

希望是附丽于存在的，有存在，便有希望，有希望，便是光明。

——鲁迅

## （一）

18世纪末，处于大清王朝统治下的中国盛极而衰，迅速由"康乾盛世"（又称"康雍乾盛世"，指康熙后期及雍正、乾隆在位时期，1681—1796年）走向没落。而在同一历史时期，欧洲资本主义国家却在科技、经济、文化等方面迅速崛起。

到19世纪30年代，英国等老牌资本主义国家已经基本完成了工业革命，代表了当时世界最先进的生产力水平。为打开中国庞大的市场，倾销工业品，英国将目光锁定在了大清帝国身上。

然而，此时的大清帝国还仍然处于自给自足的自然经济时代。清政府坚持奉行的闭关锁国政策，也成为侵略者向中国倾销其工业产品的"绊脚石"。

在19世纪30年代以前，由于欧洲国家对生丝、茶叶等产品需求旺盛，清政府在对外贸易中始终处于出超地位。但就与英国的贸易而言，中国每年的贸易顺差都保持在200—300万两白银之间。

　　为了扭转贸易逆差，万恶的英国侵略者竟然勾结清政府内部的腐败官员，向中国输入鸦片。英国人先将工业产品输往其在东方的殖民地印度，然后将在印度种植的鸦片输往中国，再从中国把茶叶、生丝等输往英国。通过这种三角贸易，英国人大获其利。

　　清政府的一些官员也趁机勾结具有黑社会性质的民间组织，甚至动用军队，将英国输入中国沿海的鸦片运回内陆，开设烟馆，毒害百姓的身心健康，并从中牟利。由于鸦片极易上瘾，而且难以戒掉，吸食的人数迅速增加。一时间，烟馆在中国遍地开花。

　　美国、沙俄等西方国家见到英国人从中国赚到了钱，也纷纷涌入中国，分别从土耳其、中亚等地向中国输入鸦片。

　　由于鸦片的输入量急剧增加，导致清政府在对外贸易中的地位完全改变了。据不完全统计，仅仅19世纪20—40年代，中国的白银外流量就达1亿多两。大清王朝的国库和货币流通受到了严重影响，经济几乎崩溃。更加严重的是，鸦片的泛滥极大地摧毁了吸食者的身心健康，销蚀着中华民族的意志。

　　如果这种局面继续发展下去的话，中华民族必将会走上亡国灭种之路。幸运的是，以林则徐为首的爱国官民逐渐意识到了鸦片的毒害，遂积极倡导禁烟运动。

　　林则徐是福建侯官人（今福建省福州），出生于1785年。他虽然出身寒微，但少有大志，并于嘉庆十六年（1811）会试中选，赐进士，授翰林院庶吉士，步入政坛。

　　为官后，林则徐深受嘉庆帝和道光帝的器重，此后步步高升，并于道光十七年（1837）正月升任湖广总督。

　　道光十八年（1838），鸿胪寺卿黄爵滋上疏主张以死罪严惩鸦片吸食者，实施禁烟。但曾经吸食过鸦片的道光帝不置可否，令各地督抚各抒己见。林则徐坚决支持黄爵滋的严禁主张，还提出了6条具体的禁烟方案，并率先在湖广实施，成绩卓著。

但是，黄爵滋的禁烟主张立即遭到了直隶总督兼文渊阁大学士博尔济吉特·琦善等弛烟派的抨击。他们以各种理由将烟害问题归疚于其他社会问题。

从当时的形势来看，主张禁烟的官员只是少数。但道光帝曾成功戒掉烟瘾，而且见林则徐在湖广一带禁烟颇有成效，认为禁烟并非不可行，于是下定决心，革除吸食鸦片的庆亲王奕劻、辅国公溥喜等皇亲贵胄之爵位，下令禁烟。

道光十八年十月，道光帝召林则徐入京，一连八日，天天皆召见林则徐商谈禁烟之事。林则徐深受感动，表示一定将禁烟进行到底。十一月十五日，道光帝任命林则徐为钦差大臣，在全国范围内实施禁烟。

雷厉风行的林则徐立即赶赴广州，发布道光帝的圣旨，查封烟馆，逮捕烟贩，厉行禁烟。

道光十九年（1839）四月二十二日到五月初十，林则徐在虎门共销毁中外烟贩的鸦片1188多吨，狠狠地打击了西方侵略者向中国输入鸦片的恶劣行为。

虎门销烟从一定程度上遏制了鸦片在中国的泛滥，也广泛宣传了鸦片的危害性及英国向中国输入鸦片的险恶本质，唤醒了国人的爱国意识。

# （二）

林则徐的禁烟运动无疑损害了英国等资产阶级的利益，因此，英国政府很快便决定对中国发动蓄谋已久的侵略战争，虎门销烟也成为外国列强发动鸦片战争的导火索。从这个角度看，虎门销烟加速了中国的半殖民地化脚步，从很大程度上推动了中国近代历史的发展。

道光二十年（1840）五月，英国悍然出动40余艘战舰和4000余名士兵，向中国发动了第一次鸦片战争。清政府出兵抵抗，但血肉之躯毕竟不是坚船利炮的对手。这场战争持续了两年之久，最终以大清王朝完败而告终。

道光二十二年（1842）七月二十四（公历8月29日），清政府被迫在南京的静海寺与英国政府签订了中国近代史上第一个不平等条约——《南京条约》。

条约的主要内容为：割香港岛给英国；开放广州、厦门、福州、宁波、上海为通商口岸，允许英国人在通商口岸设驻领事馆；中国向英国赔款2100万银元，分24年付清；英国在中国的进出口货物纳税，由中国政府与英国共同议定；清政府废除原有的公行自助贸易制度，准许英商与华商"自由"贸易；等等。

从《南京条约》签订的那一刻起，中国便迈入了屈辱的百年近代史时期。此后，西方列强纷纷效仿英国的做法，以军事强权的手段迫使清政府签订各种不平等条约，攫取政治、经济利益。中国的主权独立和领土完整不断遭到破坏。

与此同时，外患也进一步加剧了大清王朝的内忧。为了维持王公大臣的挥霍，向列强支付巨额战争赔款，清廷不断增加租税，残酷地剥削各族百姓，终致各种社会矛盾迅速激化。

道光二十四年（1844），"拜上帝教"的开创者洪秀全号召教众在广西桂平金田村（今广西桂平市北金田镇）"团营"。道光三十年（1850）末，洪秀全率领两万余名部众，打出"太平天国"的旗号，公开反叛清廷。

咸丰元年（1851）春，洪秀全在武宣东乡自称"天王"。同年秋，他又在永安（今广西蒙山县）封杨秀清为东王、萧朝贵为西王、冯云山为南王、韦昌辉为北王、石达开为翼王，所封各王，俱受东王节制。这一著名的历史事件被史学家们称为"永安建制"。

此后，太平天国的势力迅速发展，席卷了大半个中国。咸丰三年（1853）春，太平军攻克了江南重镇江宁（今江苏省南京市），将其改称天京，定为都城。

洪秀全听说后非常高兴，立即组织部队北上伐清。就在这时，淮河流域又爆发了捻军起义。大清王朝已经处于风雨飘摇之中。

由于清政府的八旗兵已经腐化堕落，失去了战斗力，太平军节节胜利。清廷上下震动，慌忙诏令汉族地主组织武装，镇压太平军和捻军。清廷汉族官员曾国藩组建了湘军，左宗棠组建了淮军，分别对付太平军和捻军。

在清政府的镇压之下，加之太平军和捻军内部矛盾剧增，曾横扫大半个中国的起义终于在同治年间被镇压了下去。

与此同时，西方列强对华侵略也不断加剧，大清王朝和中华民族所面临的危机日益深重。许多仁人志士已经意识到，如果不救亡图存的话，中华民族必将陷入亡国灭种的境地。爱新觉罗·奕䜣、曾国藩、李鸿章、张之洞等满汉大臣提出了"师夷之长技以自强"的口号，并主张利用取官办、官督商办、官商合办等方式发展新型工业，增强国力，以维护清政府的封建统治。这就是中国近代历史上著名的洋务运动。

影响了中国数代人的文学家、思想家、评论家、革命家鲁迅，便是在这一历史背景下诞生的。光绪七年（1881）八月初三（公历9月25日），浙江绍兴城内东昌坊口的新台门周宅（今绍兴鲁迅祖居）里，传来了一阵新生儿嘹亮的啼哭声。周家上下一片忙碌，但脸上都带着喜洋洋的笑容。这个新生儿，就是日后大名鼎鼎的鲁迅。

# （三）

周家原籍湖南道州（今湖南省道县），后来迁居绍兴，到鲁迅这一辈，已是第十四代了。周家祖上原本是种地的农民，经过数代人的不懈努力，终于成为绍兴一带的大地主。据绍兴周家家谱记载，绍兴周家在一个共同的宗祠下分成了"覆盆房""清道房""竹圆房"等三房，可见人丁之兴旺。

鲁迅一家属于"覆盆房"的一个分支。"覆盆房"人丁也十分兴旺，田产也很多，全盛时期拥有良田3000余亩、当铺七八座。

咸丰十一年（1861）末，太平军攻破绍兴。定都天京后，太平天国颁布了《天朝田亩制度》。这是一个以解决土地问题为中心的、全面的农民革命斗争纲领和社会改革方案。它规定"凡分田照人口，不论男妇，算其家口多寡，人多则分多，人寡则分寡"。

很明显，这一平均主义的理想方案在当时的社会条件下是无法实现的，但它依然沉重地打击了没落、腐朽的封建制度和地主阶层。周家的显赫局面也在这一浪潮下被打破了。此后，周家的土地迅速减少，大部分当铺也随之关闭。不过，随着太平天国运动的结束，周家的经济实力和社会地位又逐渐有所恢复。

同治十年（1871），周家子弟周福清中辛未（天干地支纪年）科进士，经殿试选为翰林院庶吉士。当时，金榜题名、光耀门第仍是大部分读书人的愿望和出路。周福清被点了翰林，自然十分高兴。

按照规定，翰林院庶吉士需要在庶常馆学习3年，然后通过考试确定官职和品秩，称"三年散馆"。通常，成绩优异者会被留下来，授职为编修、检讨等职；不能留馆的，外放为各部司员、知县。

同治十三年（1874），周福清学习期满，被外放为四川荣昌（今重庆市荣昌县）知县。周福清嫌路途遥远，不愿赴任。不久，他又被选为江西金溪县知县。翰林改放知县，俗称"老虎班"，出缺即补，而且都是到物产丰腴的地方任职。虽然同为七品知县，但"老虎班"出身的知县要威风得多。

周福清是一个典型的书生，个性鲜明，言语无忌，行为也无所顾及。这样的人在官场上通常不受欢迎。因此上任不久，他就被两江总督沈葆桢以"办事颟顸"的名义参掉了。后来，周福清卖掉大量的良

田，进京捐了一个不大不小的内阁中书之职。

内阁中书虽然是京官，但品秩和俸禄都比不上知县。内阁中书官阶为从七品，掌管撰拟、记载、翻译、缮写之事。不过，由于内阁中书经常在皇帝面前走动，前途倒是不错。不出意外的话，经过一定的年限，内阁中书便可外补同知或直隶州知州，或保送充任军机处章京。

这位周福清就是鲁迅的祖父。他虽然与孙儿鲁迅接触的时间不算太长，但却对鲁迅的一生产生了极大的影响。

# （四）

新台门周宅坐北朝南，前临东昌坊口，后通咸欢河，西接戴家台门，与三味书屋隔河相望。宅院的主体结构共四进，占地4亩有余（3087平方米），青瓦粉墙，砖木结构，是一座典型的封建士大夫住宅。

由于周福清为同治帝钦点翰林，因此，俗称"台门斗"的第一进院落仪门上方悬挂着一块蓝底金字的"翰林"匾。匾额的两旁各有一行泥金小楷，分别为：

巡抚浙江等处地方提督军务节制水陆各镇兼管两浙盐政杨昌浚为
钦点翰林院庶吉士周福清立

这块匾额就像一张巨大的名片，标示着主人与众不同的身份。

第二进为厅堂，俗称"大堂前"，是周氏族人的公共活动场所，以作喜庆、祝福和宴会宾客之用。厅堂正上方高悬一块大匾"德寿堂"，两旁柱子上有一副红底黑字的楹联，分别为：

品节详明，德性坚定

事理通达，心气和平

第三进是香火堂前，是作祭祀祖宗和处理丧事的地方。儒家以孝为本，逢年过节堂上悬挂列着祖列宗的祖像、安放牌位，设五事（火烛、香炉之类），置祭品，五代以内的周家老少必进香磕头，行大礼、尽孝道。

第四进为楼房，亦称座楼，为居住之用。

第一进至第四进的左右，均建有对称的侧厢、楼房，房与屋之间都有廊屋贯通，以避日晒雨淋。两侧天井边上点缀着若干假山、石池等小景，雅而不俗。

如此优越的环境，对鲁迅的一生产生了积极的影响。在鲁迅许多作品中，都可以看到周家老宅的影子以及这个深宅大院对他的影响。

鲁迅的父亲名叫周伯宜。他曾考中会稽县学生员，但参加乡试却屡战屡败。这严重地伤害了这位读书人的自尊心。为此，周伯宜终日落落寡欢，喝酒、抽洋烟、发脾气，常在他身上无穷尽地循环。不过，他的思想倒是十分开明，很同情洋务运动，对儿子鲁迅也很和气。

周伯宜的妻子，即鲁迅的母亲，姓鲁名瑞，绍兴乡下安桥头人，亦出身于官宦之家。她的祖父、父亲都曾当过京官，在偏僻的安桥头可谓是大户人家了。她从小就接受了传统的家庭教育，不仅孝顺父母、公婆，相夫教子，尽心尽职，而且待人和蔼、宽仁而富于同情心。更加难能可贵的是，鲁瑞颇识得几个字，能看懂不少书。

据说，鲁瑞并没有正式上过学，这在那个"女子无德便是才"的年代十分正常。但鲁瑞却很要强，趁塾师给兄弟们上课时偷偷站在门外听。她还自己找些书来读，遇到不认识的字就问别人，终于"自学成才"，获得了读书识字的能力。

祖父周福清、父亲周伯宜和母亲鲁瑞对鲁迅的幼年影响极大。除此之外，祖母蒋氏、曾祖母戴氏等，也对鲁迅产生了一定的影响。

鲁迅是周家"覆盆房"的长孙，因此，他的降生自然给这个仕宦之家带来了无尽的喜悦。不过，当时的读书人大多讲究"喜怒不露形色"。鲁迅出生后，年仅22岁的周伯宜给父亲周福清写了一封四平八稳的家信，一是向父亲报喜，同时也请父亲为长孙取名。

周福清是"覆盆房"台柱子，给长孙取名自然是他的特权。据鲁迅的弟弟周作人所著的《鲁迅的青年时代》中记载：鲁迅出生时，介孚公（周福清字介孚）在北京当"京官"。他接到家信时，适值有一个张姓客人来访。"大概取个吉利的兆头，因为那些来客反正是什么官员。即使是穷翰林也罢，总是有功名的。"

于是，周福清便给长孙取了一个乳名"阿张"。随后，周福清又按照仕宦之家取名的习惯，找同音异义的字取作"书名"（即学名），乃是"樟寿"二字，字豫山，取义于豫章。这样，周家的长孙便有了自己的名字：乳名阿张，学名樟寿，字豫山。

绍兴民间还有一种迷信的说法：长男不易养大。周伯宜夫妇对此深信不疑。所以，在小豫山不满周岁的时候，周伯宜就抱着他到离家不远的长庆寺，拜了一位和尚为师，并取了一个法名：长庚。

鲁迅刚到广州时，创办"南中国"文学社的青年们就找到他，希望他给创刊号撰稿。为避免反动文人的攻讦，鲁迅拒绝了他们的请求，但鲁迅也给他们提了一个建议："要刊物销路好也很容易，你们可以写文章骂我，骂我的刊物也是销路好的。"

# 第二章　幸福童年

　　伟大的心胸，应该表现这样的气概——用笑脸来迎接悲惨的厄运，用百倍的勇气来应付一切的不幸。

——鲁迅

## （一）

　　豫山出生4年后，二弟周作人降生了。又过了3年，三弟周建人也呱呱坠地（他们还有一个幼弟，后来不幸夭折）。这三个男孩，就是日后中国现代史无论如何都不能忽略的"周家三兄弟"。此后，豫山在深宅大院中就有了玩伴。由于三弟年龄最小，豫山通常和二弟周作人一起玩耍。

　　与大部分孩子一样，幼年时期的豫山十分顽皮。他经常与二弟周作人一起捉弄年近八旬的曾祖母戴氏。作为周家"覆盆房"最年老的尊者，戴氏终日默默无言、端端正正地坐在房门东首的紫檀椅上，一动也不动，俨然一尊菩萨像。

　　周豫山兄弟俩很喜欢这个和善的老太太，但也难免在她面前搞一些恶作剧。他们暗地里称呼曾祖母为"老菩萨"，还经常在她面前假装跌倒，躺在地上。

　　老菩萨见两个曾孙躺在地上，心疼得不得了，连忙叫道：

"阿呀，阿宝（江南方言，相当于普通话中的宝宝），这地上很脏呢！"

老菩萨一开口，周豫山兄弟俩便"咯咯"笑着，然后从地上爬起来跑掉了。

这种荒唐的游戏日复一日地重复着，小兄弟俩从不觉得无趣，面慈心善的老菩萨也没有表现出任何的不耐烦。

兄弟俩还经常跑到套房里演戏。那里放着一张小床，他们俩在床上来回徘徊，自编自演"兄弟失散"的小悲剧。两人装作看不见对方，仓皇地互相寻找，一个叫着"贤弟呀"，一个叫着"大哥呀"。大人们见了，又好气又好笑，也不去制止他们。不料，这种凄凄惨惨的悲剧在多年之后竟然成了现实。

除了这些小孩子自导自演的游戏外，周家兄弟最快乐的时光便是夏夜了。在炎热的夏季里，每当夜幕降临，周豫山便躺在一株大桂花树下的小板桌上乘凉。祖母坐在桌旁，一面摇着芭蕉扇，一面给他讲些故事或叫他猜谜语。慈祥的祖母并不识字，但却知道很多有趣的故事。这一点让周豫山非常纳闷，也很羡慕。祖母经常给豫山讲的故事，通常是《老虎和猫》《白蛇传》等。

《老虎和猫》的故事大致是这样的：

猫虽比老虎小那么多，但却是老虎的师父。起初，老虎什么也不会，就拜猫为师。猫教老虎扑、捉的方法，捕食其他小动物。等这些本领都学会后，老虎见猫比自己小，就想充老大了。

有一天，老虎来都猫身边，想把猫吃掉。主意打定后，老虎纵身一跃，向猫身猛扑过去。猫早料到老虎会这么做了，结果"噌噌噌"地爬到了一棵大树上。

老虎大吃一惊，心中暗想：

"原来猫还会爬树啊！它怎么没教我这个本领呢？我要把它骗下来，教我爬树。"

想到这里，老虎就对猫说：

"师父，你下来吧，我不会伤害你的，你把爬树的本领教给我好吗？"

猫蹲在树上，对下面的老虎说：

"我已经把一切本领都教给你了，就差爬树了。不过，以后我再也不会教你了。如果你学会了爬树，恐怕我今天就没命了。"

周豫山对《白蛇传》的故事印象也特别深刻，故事是这样的：

白娘子白素贞本是一条白蛇，因许仙救过她和义妹青蛇，就化作一个美女嫁给了许仙，以报救命之恩。夫妇俩的日子过得很惬意，但法海和尚却硬要拆开他们。后来，法海将许仙藏入金山寺，白娘子带着青蛇前去寻夫，法海不肯交人。白娘子一怒一下"水漫金山"，触犯了天条。法海和尚施计骗住了白素贞，把她装入一个小小的钵盂里，镇在雷峰塔下。不过，法海和尚也没有得到好下场，他最终被观世音菩萨关在了螃蟹壳里。

鲁迅那嫉恶如仇的性格在此时便已开始萌芽。他觉得故事中的法海甚为多事，心里颇为白娘子感到不平。当时，他还希望那座镇压着白娘子的雷峰塔能尽快倒掉，而"蟹和尚"则永无出头之日。

当周豫山成为鲁迅之后，还特意写了一篇杂文，题目为《论雷峰塔的倒掉》。由此可以看出，祖母的故事对他的影响之大。

# （二）

周家是书香世家，藏书颇丰，单单周福清和周伯宜父子俩的藏书就有两大箱子。从《十三经注疏》《四史》到《王阳明全集》、章学诚的《文史通义》，从《古文析义》《唐诗叩弹集》到科举专用的《经策统纂》，甚至《三国演义》《封神榜》这样的小说，无所不有。

周氏的族人中也有不少读书人。他们不但收藏一些枯燥难懂的经书，也藏有一些小孩子喜欢看的书，如画着插图的《花镜》、描写少男少女情感的《红楼梦》等。

就当时来说，这样的生活条件算是十分优越的。因此，周豫山和周作人兄弟俩接触书本的时间远比同龄的孩子早。

大约在光绪十二年（1886），6岁的周豫山便开始在周家台门的私塾接受启蒙教育了。他的第一位先生是玉田老人。玉田老人是周家的长者，应是周豫山的叔祖或叔公。他藏书颇丰，在周家诸多读书人中独步一时。他的藏书中包括绘图《山海经》《毛诗鸟兽草木虫鱼疏》等。这些书上都印着许多珍禽异兽和奇花异草，孩子们很感兴趣。

玉田老人经常把他的藏书拿出来给孩子们看，书上的奇花异草引起了小豫山的兴趣。但玉田老人每次都适可而止，不让他们看太久。

更让孩子们好奇的是，玉田老人经常在他们面前提及那本绘图《山海经》，说里面有人面的兽、九头的蛇、三脚的鸟、生着翅膀的人等，反正什么好看的东西都有，但他就是不把这本书拿出来。或许这位老秀才认为《山海经》是闲书，对孩子们并没有什么好处吧。

有一次，小豫山和他的伙伴们趁玉田老人休息时，偷偷跑到他的书房里找了半天，结果也没找到那本《山海经》。小豫山很着急，又不敢逼着先生去找。放学后，他闷闷不乐地回到家里。长妈妈看到后，关切地问：

"哥儿今天是怎么了？怎么一脸的不高兴呢？"

长妈妈是一个淳朴勤劳的农村妇女，她的生平已经无法查考。据说，她的丈夫去世了，又丢了土地，只好到城里给大户人家当保姆。

豫山降生后不久，她就来到周家，成为豫山的保姆。没有人知道她的姓名，只因祖母蒋氏叫她"阿长"，一家人便跟着叫她"阿长"，而小豫山和弟弟周作人等都亲切地叫她"长妈妈"。

长妈妈慈祥、善良，对小豫山的照顾无微不至，但却有许多莫名其妙的道理和不可思议的规矩。譬如说，人死了，不能说"死掉了"，而说"老掉了";死了人或生了孩子的屋里,是不能随便走进去的;饭粒落在地上,必须捡起来,最好是吃下去;晒裤子用的竹竿底下,是万不可钻过去的。这些莫名其妙的道理和规矩让小豫山无法理解,好在年幼的他也不需要去理解这些。

但她的另一些规矩就让小豫山受不了了。平时,她不许孩子们到处走动,也不许拔一株草或翻一块石头,否则她就要去告诉孩子的母亲,说孩子太顽皮。夏天睡觉时,她还伸开四肢,在床中央摆成一个"大"字,挤得小豫山没有翻身的地方,推她也推不动,叫她也叫不醒。还有一次,她甚至不小心踩死了小豫山的宠物———一只小隐鼠。

因此,小豫山并不喜欢这位保姆。现在一听到长妈妈的问话,他就嘟哝着回答说:

"先生说他有一本图画书,里面有很多好看的东西,叫什么《山海经》的。他不愿意拿出来给我们看,我们找了半天也没找到。"

长妈妈没读过书,但却十分敬重书和读书人。她把这件事情默默地记在心里。有一次,她告假回乡,好几天才回来。一见面,她就递给小豫山一包书,兴高采烈地说:

"哥儿,有画的《三哼经》,我给你找来了!"

长妈妈记不住书名,经常听别人说《三字经》,就以为所有的书都叫《三字经》。但她连这个名字也记不真切,因此就说成了《三哼经》。

小豫山接过包袱,打开一看,不禁眼前一亮:包里装着4本小小的书,里面果真有人面的兽、九头的蛇、三脚的鸟……但凡玉田老人讲到的,里面都有;他没有讲到的,里面也有。

小豫山高兴极了,他把这部刻工印工都极为粗糙的绘图《山海经》当成了宝贝。从此,小豫山对长妈妈的态度也发生了变化。他认为长妈妈是个伟大的人,别人不屑做或不能做的事,她却能做得很成功。后来,这位朴实的农村妇女也多次出现在鲁迅的笔下。

# （三）

玉田老人在私塾里教了一段时间就不教了，大概因为年龄太大了。于是，子京老人又成了小豫山的第二位先生。

这位老人是小豫山的叔祖，颇识得几个字，但学问并不高明，性情也有些古怪。因为文章作得古怪，他连半个秀才也没有考中，只好呆在家做私塾先生。

子京老人的境况很凄惨，平时独自住在周家台门的一间楼底下的小房间里。这所楼因年久失修而破旧不堪，因房门紧闭而显得阴森、悒郁。一到黄昏时分，总有蝙蝠从门窗的破洞中飞进飞出，让人不寒而栗。小豫山和同窗们都不大喜欢这个地方，但又无可奈何，只能按照家人的吩咐，去跟子京老人读书。

识一些字后，小豫山不但要在私塾里读书，回家也要读书。他的祖父周福清很少回乡，大部分时间都呆在京城。但一回到家中，他就要监督孙子们的学习。

周福清的脾气很暴躁，经常莫名其妙地打骂孩子，但在读书这件事上，却显得相当开通。当时，仕宦之家的孩子启蒙，一般总是直接读四书五经。周福清却不这样，他让小豫山先读历史，从《鉴略》开始，然后是《诗经》，再然后是《西游记》。这些书对一个六七岁的孩子，来说，不免略显枯燥，但总比直接四书五经好多了。

祖父不在家的时候，父亲周伯宜便会监督豫山读书。屡试不中的周伯宜脾气比他的父亲更加古怪。虽然他对待孩子十分温和，从不打他们，但他那张时时刻刻都紧绷着的脸就足以让孩子们望而生畏了。

周伯宜经常对儿子说的一句话就是：

"去拿你的书来，我要看看你会背了吗？"

小豫山无奈，只好把书本拿过来，交给父亲，站在一旁胆战心惊地背诵。实际上，周伯宜平时对儿子的监督并不太严。有一次，豫山和二弟周作人偷偷买回来一本《花经》。之所以买这本书，主要是因为上面印有许多好看的图。也正因为如此，大多数读书人都将此书视为闲书，一般不许小孩子看。

不料，兄弟俩正看得津津有味时，被父亲发现了。小豫山担心地嘀咕道：

"糟了，这下子肯定要被没收了！"

出人意料的是，周伯宜接过那本书，翻了几页，又一声不响地还给了他们。小豫山和弟弟喜出望外，从此便放心大胆地买闲书，再不提心吊胆地防着父亲了。

从某种意义上说，正是因为周福清和周伯宜那种严厉而又略带宽容的教育方式，使得豫山在幼年时就读了许多书，从而打下了牢固的文化基础。日后他之所以能够登上中华民族的文学艺术高峰，应与幼年时期的这些经历是分不开的。

然而，这段经历也在小豫山幼小的心灵上留下了深刻的伤痕。年龄稍大些时，他对父亲的感情总是若即若离。这一点从他日后创作的《五猖会》《父亲的病》等文章中清晰可见。

在《五猖会》中，鲁迅记过这样一件小事：

有一次，姑母来接豫山兄弟去东关看五猖会。这是江南的一种"迎神送鬼"的民俗，是一年一度的盛会。当时，即便像绍兴这样繁华的小城也没什么娱乐活动，五猖会便成了孩子们最喜欢的节日之一。

那一年，五猖会的举办地点是在60多里外的东关。由于离城较远，大清早就得起来。为了奔赴盛会，小豫山也跟着大家起个大早。不料，他正兴高采烈地准备登上开往赛会的大船时，父亲却忽然出现在他背后，冷冷地命令他说：

"去拿你的书来！"

小豫山忐忑不安地拿来了一本《鉴略》。父亲又冷冷地教他一句句

读下去，大约读了二三十行，父亲又命令说：

"给我读熟，背诵下来。背不出，就不准去看会。"

小豫山无奈，只好一边看，一边强记着，好不容易才背会了。父亲又冷冷地点点头说：

"不错，去吧。"

可经过这场恶梦般的袭击，小豫山哪里还有心情去看五猖会呢？他那被赛会激起的狂喜之情早已烟消云散，满腔的热情也已经冰冷了。

正因为有过这样的经历，当豫山成为鲁迅之后，他始终对中国传统的"填鸭式"教育持批判态度。

# 第三章　入读私塾

惟有民魂是值得宝贵的，惟有它发扬起来，中国才有真进步。

——鲁迅

## （一）

不读书的时候，豫山会经常跑到周家台门后面的荒园去玩。他后来在《从百草园到三味书屋》一文中回忆说：

我家的后面有一个很大的园，相传叫作百草园。现在是早已并屋子一起卖给朱文公的子孙了，连那最末次的相见也已经隔了七八年，其中似乎确凿只有一些野草；但那时却是我的乐园。

当周豫山成为鲁迅之后，他觉得百草园中"似乎确凿只有一些野草"，但在童年时代，那里却十分美丽。他在文中写道：

不必说碧绿的菜畦，光滑的石井栏，高大的皂荚树，紫红的桑葚；也不必说鸣蝉在树叶里长吟，肥胖的黄蜂伏在菜花上，轻捷的叫天子（云雀）忽然从草间直窜向云霄里去了。单是周围的短短的泥墙根一带，就有无限趣味。油蛉在这里低唱，　蟋蟀们在这里弹琴。翻开断砖来，有时会遇见蜈蚣；还有斑蝥，倘若用手指按住它的脊梁，便会"啪"的一声，从后窍喷出一阵烟雾。何首乌藤和木莲藤缠络着，木莲有莲房一般的果实，何首乌有臃肿的根。有人说，何首乌根是有像人形的，吃了便可以成仙，我于是常常拔它起来，牵连不断地拔起来，也曾因此弄坏了泥墙，却从来没有见过有一块根像人样。如果不怕刺，还可以摘到覆盆子，像小珊瑚珠攒成的小球，又酸又甜，色味都比桑葚要好得远。

冬天的百草园虽然乏味一些，但也有许多乐趣，尤其是下雪的时候。他在《从百草园到三味书屋》中如是记述道：

> 扫开一块雪，露出地面，用一支短棒支起一面大的竹筛来，下面撒些秕谷，棒上系一条长绳，人远远地牵着，看鸟雀下来啄食，走到竹筛底下的时候，将绳子一拉，便罩住了。但所得的是麻雀居多，也有白颊的"张飞鸟"，性子很躁，养不过夜的。

生在仕宦之家的周豫山怎么会用这种方法捕鸟呢？原来，百草园迎来了一位乡下的小朋友，他就是紫色的圆脸，头戴一顶小毡帽的闰土。

闰土在生活中其实并不叫闰土，而叫润水。他的父亲名叫章福庆，在周家做短工，是一位朴实的农民。章福庆家里有六七口人，生活过得十分困苦。

不过，章福庆做竹编的手艺很不错，周家的竹器基本上都出自这位勤劳的农民之手。每年过年时，他还会到周家帮年。所谓"帮年"，其实就是在过年时到大户人家做临时工。忙不过来时，他就会叫上自己八九岁的儿子润水来帮忙。

就这样，润水来到周家，步入了周豫山童年生活中的"百草园"。一到周家，他就和小豫山成了好朋友。周豫山常常陪他逛街，带他看乡下没有见过的东西；而润水也时常给小豫山讲一些乡下的新鲜事。

　　章福庆见周豫山并不拿润水当下人看待，就教给他一门捕鸟的手艺，即上文中提到的方法。在周豫山的眼里，润水也好，润水的父亲章福庆也好，知识都是非常广博的，因为他们知道很多周豫山闻所未闻的东西和有趣的故事。

　　可惜的是，在那个万恶的封建社会里，由于周豫山和润水的不同出身，他们到底还是走上了截然不同的两条道路。关于这一点，当周豫山成为闻名天下的鲁迅之后，他曾以绍兴乡下为背景，写了一篇名为《故乡》的小说。

　　在小说中，他以润水为原型，创造了一个半封建半殖民地社会里典型的农民形象——闰土。在《故乡》中，少年闰土是个小英雄，而成年后的闰土却完全成了任人欺凌的"奴才"。他不再以"迅哥儿"称呼小说的中的"我"，而是"态度终于恭敬"地叫我"老爷"了，而且还让他的孩子"水生"给我"磕头"。

　　在小说中，作者尖锐地批判了吃人的封建礼教，同时又对未来的"故乡"寄托了殷切的希望。他希望，下一代不再有像"我"和"闰土"之间的那层"可悲的厚障壁"。

# （二）

　　可以说，豫山的童年是不幸的，因为他的祖父和父亲脾气古怪，又常常逼他读一些毫无用处的书；但他的童年又是幸运的，因为他不光有祖母、母亲、长妈妈等人的精心照料，还有书可读。

　　时光荏苒，岁月流逝，豫山渡过了他的童年，迎来了"三味书屋"的少年时代。光绪十八年（1892），12岁的周豫山被父亲送进了三味书屋——这所在当时绍兴城里最好的私塾。

多年之后，他在《从百草园到三味书屋》中记述这段经历时写道：

> 我不知道为什么家里的人要将我送进书塾里去了，而且还是全城中称为最严厉的书塾。也许是因为拔何首乌毁了泥墙罢，也许是因为将砖头抛到间壁的梁家去了罢，也许是因为站在石井栏上跳下来罢……都无从知道。总而言之：我将不能常到百草园了。

实际上，他这样说只是为了表现自己对百草园的依依不舍。作为仕宦之家的少爷，豫山被送入全城最好的学校读书简直就是一种必然。在漫长的封建社会里，读书人自诩"万般皆下品惟有读书高"，因此也几乎不计代价地追求"书中自有黄金屋，书中自有千钟粟，书中自有颜如玉"的目标。而要达到这一目标，唯一的途径就是读书，而后金榜题名。

豫山的祖父周福清是钦点翰林，父亲周伯宜也会一个追求功名的读书人，他们自然也希望豫山能像祖父一样，一心一意地读书，长大后成为秀才、举人、进士、翰林，为封建门第争光。在京师做官的周福清曾给孙辈们列了一张必读书目，书目的末尾特意注上"示樟寿诸孙"几个字。"樟寿"是豫山的名字。由此可见，周福清对豫山这个长孙是十分重视的。

豫山的第二位先生子京老人的学问不大高明，读了一辈子书，连个秀才也没捞到。周福清和周伯宜自然不会让豫山一直跟着他混日子。

而"三味书屋"的主人寿镜吾则是绍兴城里学识最渊博的人之一。据说，他中秀才时才20岁。但在那个政府腐败、列强入侵的乱世，寿镜吾秉承儒家的理念，不愿出仕，便不再参加考试了。从十几岁开始，寿镜吾就专以坐馆教书为生。他教书认真，著述也颇为丰富，著有《菊叟诗存》《持身之要》等著作。因此，他在绍兴城里的口碑非常好。

寿镜吾的"三味书屋"距周家台门不远。《从百草园到三味书屋》一文这样写道：

> 出门向东，不上半里，走过一道石桥，便是我的先生的家了。从一扇黑油的竹门进去，第三间是书房。

封建社会的拜师仪式是极其繁琐的。即便是清朝末年，拜师仪式也没有多少变化。但寿镜吾却是非常开通的。他似乎已经受到"中学为体，西学为用"的影响，因此拜师仪式虽然还是依照传统进行，但已简化了许多。多年后，豫山回忆当时的拜师情景时说：

"中间挂着一块扁道：三味书屋；扁下面是一幅画，画着一只很肥大的梅花鹿伏在古树下。没有孔子牌位，我们便对着那扁和鹿行礼。第一次算是拜孔子，第二次算是拜先生。"

寿镜吾给豫山留下的印象很好。《从百草园到三味书屋》中是这样描写这位先生的：

> 第二次行礼时，先生便和蔼地在一旁答礼。他是一个高而瘦的老人，须发都花白了，还戴着大眼镜。我对他很恭敬，因为我早听到，他是本城中极方正、质朴、博学的人。

# （三）

三味书屋里的功课和其他私塾并没什么不同，一开始是读《百家姓》，再读《神童诗》，而后才是《四书》和《五经》。年纪较大的学生，正课读好之后，还要读《唐诗三百首》。

豫山进入三味书屋前，已在自家的台门里读了几年书，《百家姓》

《神童诗》等启蒙读物早已读完，因此不必再从头开始读，直接从《诗经》开始了。

每天早晨，他穿着一件洗得十分干净的竹布长衫，背着蓝布书包，衣襟的钮扣上吊着一把开书桌抽斗的钥匙，走进书房，然后侧着身子把书桌抽斗打开，坐下开始背书。

他在《从百草园到三味书屋》中回忆这段经历时说：

> 我就只读书，正午习字，晚上对课。先生最初这几天对我很严厉，后来却好起来了，不过给我读的书渐渐加多，对课也渐渐地加上字去，从三言到五言，终于到七言。

对课是旧时学习词句和准备作诗的一组练习，有一定的规则和程式。如果老师说"雨"，学生就对"风"；如果老师说"桃红"，学生对"柳绿"。小豫山的对课成绩颇佳，不管是先生还是同窗，对他都颇为敬重。

同窗之间开开玩笑的时候也是常有的。在绍兴方言中，"豫山"与"雨伞"同音，于是，豫山便得了一个绰号——"雨伞"。起初，豫山也没在意，只是笑笑而已。但叫的人多了，他便耐不住性子了。

一天，豫山回到家里，径直走到父亲的书房。周伯宜面无表情地抬头看了儿子一眼，问道：

"什么事？"

豫山磕磕巴巴地回答说：

"我想……我想改一个名字。"

周伯宜皱了皱眉头，说道：

"名字哪能随便改呢？'豫山'这个表字是你祖父取的，要改你找他改去。"

豫山望了望父亲，委屈地说：

"同窗们都叫我'雨伞'呢?"

周伯宜两只眼睛依然盯着书本，似乎漫不经心地回答说:

"知道了，你去吧!"

过了一段时间，周福清从京城来了一封家信。他在家信中指示说，可以将长孙的表字改为"豫才"。从此之后，周樟寿便以"豫才"为表字，同窗们也都改叫他周豫才了。

周豫才也会与同窗开一些玩笑。有一次，一位高姓同窗偷看了先生的对课题目，是"独角兽"。这位高姓同窗想了半天，也想不出该对什么，就悄悄来到周豫山的身边，问道:

"嘿，你说我对什么好?"

周豫才正自顾自地做着自己的事情，因此便漫不经心地回答说:

"你对'四眼狗'好了。"

平日里，先生寿镜吾上课时总是戴着一副眼镜，周豫才要这位高姓同窗对"四眼狗"，分明是要和他开开玩笑。不料，这个高姓同窗竟是个书呆子，上课时竟真以"四眼狗"回答先生的对子。

寿镜吾大怒，结果将那位高姓同学狠狠地骂了一顿。

寿镜吾的手边总是放着一把又宽又长的戒尺，用来惩罚犯错的学生。不过，他是一个很开通的学者，并不常用戒尺打学生。但凡遇到学生犯错，他也只不过痛骂几句。周豫才心想，高姓同窗犯的错误如此严重，恐怕是要挨打了。

待到寿镜吾要那人坐下后，周豫才才放下心来。从此之后，他更加尊重先生了。因为先生不但十分博学，单论人品也是绍兴城中数一数二的人物。

# (四)

和大不多数少年一样，周豫才读书也不忘嬉戏。他经常和同窗放下手中的书本，悄悄溜出书房，跑到外面去玩。当周豫才成为名满天下的鲁迅时，他在《从百草园到三味书屋》中写道：

> 三味书屋后面也有一个园，虽然小，但在那里也可以爬上花坛去折腊梅花，在地上或桂花树上寻蝉蜕。最好的工作是捉了苍蝇喂蚂蚁，静悄悄地没有声音。

然而，如果同窗们到园里的太多、太久，就有麻烦了。寿镜吾先生就会在书房里大叫起来：

"人都到哪里去了？"

周豫才等人听到喊声，便心不甘情不愿地陆续走回去。寿镜吾先生虽然生气了，但并不责罚众人，只是大声道：

"读书！"

学生们回到自己的座位上，放开喉咙读一阵书，顿时热闹起来。由于私塾里的学生年龄不一，所学的内容也不一样。《从百草园到三味书屋》如是描绘众人读书的场面：

> 有念"仁远乎哉我欲仁斯仁至矣"的，有念"笑人齿缺曰狗窦大开"的，有念"上九潜龙勿用"的，有念"厥土下上上错厥贡苞茅橘柚"的……

寿镜吾先生自己也念书，而且很入神。当他渐渐沉醉在自己的世界中时，学生们的声音便低了下去。随后，少年们又开始他们的游戏了。多年后，周豫才回忆当时的情景说：

> 有几个便用纸糊的盔甲套在指甲上做戏。我是画画儿，用一种叫作"荆川纸"的，蒙在小说的绣像上一个个描下来，像习字时候

的影写一样。读的书多起来，画的画也多起来；书没有读成，画的成绩却不少了，最成片断的是《荡寇志》和《西游记》的绣像（即人物插图），都有一大本。

年少的周豫才很喜欢画画，不过，当时带有插图的书并不多，他那本带插图的《荡寇志》还是从舅舅那里借来的。每年春夏季节，周豫才都会跟着回乡省亲的母亲到绍兴乡下小住几日。

安桥头当时只是一个小村庄，离海不远，极为偏僻。一条缓缓流动的小河从村中穿过，把全村分为南北两半。全村大约有30户人家，大半姓鲁，靠种田和打鱼为生的占多数。有一部分人在农闲时节还会做一些酒，卖出去贴补家用。

周豫才深深地迷上了安桥头，因为他在这里看到了许多城市里无法见到的新鲜事物。多年后，他在作品中以安桥头为背景，构筑了"鲁镇"这一精神故乡。他在《社戏》中写道：

> 我们鲁镇的习惯，本来是凡有出嫁的女儿，倘自己还未当家，夏间便大抵回到母家去消夏……那地方叫平桥村，是一个离海边不远，极偏僻的，临河的小村庄；住户不满三十家，都种田、打渔，只有一家很小的杂货店。但在我是乐土：因为我在这里不但得到优待，又可以免念"秩秩斯干幽幽南山"了。

在鲁镇，文中的"迅哥儿"和众多小朋友一起掘蚯蚓、钓虾、看社戏、偷罗汉豆（蚕豆）煮来吃……好不快活。当然，他也没有忘记歌颂一下那些淳朴的农民。可惜的是，这种快乐的岁月并没有持续多久，一场突如其来的灾难便降临到周家台门。

在厦门大学任教时，鲁迅每月薪水有400块大洋，堪称"阔佬"，然而他依然穿得很"寒酸"。学校附近的一些商户都不认识他，每次看到他，都以为他是个叫花子。

# 第四章　家境败落

时间，就像海绵里的水，只要愿挤，总还是有的。

——鲁迅

## （一）

光绪十九年（1893），周豫山的曾祖母戴氏病故。周福清接到儿孙的电报后，仓皇向吏部禀明事由，回乡丁忧去了。按照古制，他必须离职守孝3年（实际上不满3年，为27个月）。

戴氏的去世并没有给周家带来多大的影响。戴氏去世时已经79岁，在当时来说已算是高寿了。按照传统的说法，戴氏之丧是喜丧，周家人应当高兴才是，但回到绍兴城的周福清却怎么也高兴不起来。

在清政府的腐败统治和列强的入侵下，中华大地已是满目疮痍，中华民族的传统生活方式受到了极大的破坏，中小城市和乡村迅速凋敝，绍兴城也不例外。在这种背景下，周家也迅速没落下去。周福清看着眼前的情景，不禁为儿孙们的未来担忧起来。

当是的周福清已经50多岁了，守孝3年后未必还能复职。虽有祖产可恃，但儿孙们也靠祖产为生吗？儿子周伯宜还年轻，又是秀才，应该通过科举取得功名。只是，他参加了几次乡试，每次都名落孙山。这可如何是好呢？

**29**

不久，周福清得到消息，称朝廷要举办一次恩科。所谓"恩科"，就是在正常的科举考试之外增加的一次考试。当然，这样的机会并不多见，只有在皇帝大婚、太后寿辰或皇子诞生之年才有。因为光绪二十年（1894）便是慈禧太后的六十大寿，所以朝廷在光绪十九年举办了一次恩科。

周福清闻讯大喜，立即让儿子周伯宜准备参加浙江乡试。更让周福清兴奋不已的是，赴浙江主持乡试的主考官殷如璋是他的同年。"同年"是科举考试特有的显现，即同一年考上进士的人。当时，同朝为官的进士们为了互相提携，稳固自己的地位，都很重视同年之谊。周福清就想趁这个机会，上下疏通打理一番，以便能让儿子周伯宜金榜题名。

七月二十七日，主考官殷如璋和副考官周锡恩乘坐的官船停靠在苏州码头。周福清派一个名叫陶阿顺的家丁求见投书。陶阿顺为人机警，而且能说会道。他见了殷如璋后，将信呈上。当时，殷如璋和副考官周锡恩正在聊天，便将信收下来，放在一旁的书桌上，把陶阿顺打发了出去。据说，周福清在信中夹了一张一万两的银票。

按理说，这行贿之事到现在已经办成了。没想到的是，这个陶阿顺一时头脑发热，竟然在门外大喊道：

"大人收了银子怎么不打个收条？"

殷如璋一听，脸上顿时就挂不住，当即拆开书信，大怒道：

"本官清廉如水，怎能与尔等行此龌龊之事？"

随即，殷如璋扣押了陶阿顺，并将其与书信、银票一并交给苏州府衙发落。周福清行贿之事由此败露。

在科场中，行贿受贿本来是公开的秘密，但没人会捅破这层窗户纸。一旦捅破，那就是重罪。周福清听说陶阿顺被拘了，吓得急忙躲了起来。清廷捕人有个规矩：抓不到本人，就要抓犯人家中的其他成年男子。于是，周福清的儿子周伯宜被抓了起来。周伯宜的身体本来

就不大好，这样一折腾，竟被吓病了。

周家台门也乱成了一锅粥，周豫才兄弟几个都被母亲送到安桥头的外婆家避难去了。13岁的周豫才一向过着衣食无忧的生活，突遭大难，难免手足无措。蒋氏、鲁瑞等人也无计可施，只能典卖家产，央求族人四处打点，希望能将狱中的周伯宜赎出来。

# （二）

周家上上下下忙活了几个月，花了不少钱，终究也没能将周伯宜赎出大牢。周福清眼看一家人跟着自己遭罪，心里十分难过。许多个夜晚，这位鬓发突然斑白起来的老人仰望星空，想勇敢地去投案自首，赎出儿子，但内心的恐惧却一次次击败了他。

几个月后，周福清已被恐惧折磨得不成人形，他再也无法忍受这种东躲西藏的日子了。反正是死，何必连累家人呢？

于是，周福清鼓起勇气，到杭州府衙自首去了。结果，周伯宜被革了秀才，从狱中放了出来，而周福清则被判处"斩监侯"。

什么是"斩监侯"呢？用今天的话来讲，"斩监侯"就是死刑缓期执行。对犯人和犯人家属而言，"斩监侯"这种刑罚虽然能让人暂时保住性命，但却比"斩立决"（死刑立即执行）更加折磨人。

每到秋天时，犯人就要被提审一次，以决定是否执行死刑。这就是封建社会的秋后会审制度。每到此时，犯人提心吊胆不说，犯人的家属也忙得团团转。他们不得不典卖家产，四处找门路，以期延缓执行死刑的时间。

周福清共在牢中待了8年之久，直到光绪二十七年（1901）初才被赦免。出狱3年后，周福清便病逝了。当然，这是后话。

周福清自首之后，周家上上下下过得就是这种生活。由于有支无入，周家的生活也渐渐艰难起来。而更加雪上加霜的是，周伯宜出狱之后就病倒了。他原本就十分古怪的性格变得更加乖戾，常常酗酒、吸食鸦片，还无缘无故地把妻子端来的饭菜摔出窗外，脸色也是非常阴沉。

俗话说，"穷居闹市无人问，富居深山有远亲"。周家富贵的时候，且不说周家台门的族人对他们十分客气，就是远亲也经常登门拜访。如今，周家没落了，远亲自然是没有了，就连周家台门的族人对周伯宜一家都是冷眼相看。从此之后，周豫才兄弟的少年时代也变得暗淡起来。

作为家中的长子长孙，为父亲寻医问药的差事自然落到了周豫才的肩上。绍兴城有一位"名医"姚芝轩，隔一天来一次，每次收诊费一元四角钱，这笔钱在当时已算是不小的数目，所以诊费是相当贵的。

多年之后，当周豫才已经成为名满天下的鲁迅之时，他在《父亲的病》中回忆当时的经历时说：

　　我曾经和这名医（指姚芝轩）周旋过两整年，因为他隔日一回，来诊我的父亲的病。那时虽然已经很有名，但还不至于阔得这样不耐烦；可是诊金却已经是一元四角。现在的都市上，诊金一次十元并不算奇，可是那时一元四角已是巨款，很不容易张罗的了；又何况是隔日一次。他大概的确有些特别，据舆论说，用药就与众不同。我不知道药品，所觉得的，就是"药引"的难得，新方一换，就得忙一大场。先买药，再寻药引。"生姜"两片，竹叶十片去尖，他是不用的了。起码是芦根，须到河边去掘；一到经霜三年的甘蔗，便至少也得搜寻两三天。可是说也奇怪，大约后来总没有购求不到的。

就这样，周豫才和姚芝轩"周旋"了两年之久，"渐渐地熟识，几乎是朋友了"。可惜的是，"父亲的水肿是逐日利害，将要不能起床；我对于经霜三年的甘蔗之流也逐渐失了信仰，采办药引似乎再没有先前一般踊跃了"。

鲁迅在这里用了"周旋"一词，意在讽刺姚芝轩的医术。应当指出的是，姚芝轩的用药还是颇为讲究的。周伯宜的病很可能是极其严重的肝病，而且已经到了晚期。在当时的医疗条件下，姚芝轩能用药留住他两年的性命，已经很不容易了。更何况，周伯宜在病中还依然酗酒，这对肝脏的损害是极大的。

## （三）

据《父亲的病》所述，姚芝轩有一次来诊，问过病状后，便诚恳地说：

"我所有的学问都用尽了。这里还有一位陈莲河先生，本领比我高。我荐他来看一看，我可以写一封信。可是，病是不要紧的，不过经他的手，可以格外好得快……"

周家上下听到这话，都有些不快。他们知道，周伯宜的病其实是一天重似一天，无法好转了。周豫才送走医生，回到房里，"看见父亲的脸色很异样，和大家谈论，大意是说自己的病大概没有希望的了；他因为看了两年，毫无效验，脸又太熟了，未免有些难以为情，所以等到危急时候，便荐一个生手自代，和自己完全脱了干系。但另外有什么法子呢？本城的名医，除他之外，实在也只有一个陈莲河了"。

《父亲的病》中所提到的陈莲河，其真名叫何廉臣。鲁迅在文中使用化名可能是为了避免一些不必要的麻烦。

关于何廉臣用药的特点，鲁迅在文中交代的很清楚。他写道：

陈莲河的诊金也是一元四角。但前回的名医的脸是圆而胖的，他却长而胖了：这一点颇不同。还有用药也不同。前回的名医是一

**33**

个人还可以办的，这一回却是一个人有些办不妥帖了，因为他一张药方上，总兼有一种特别的丸散和一种奇特的药引。

芦根和经霜三年的甘蔗，他就从来没有用过。最平常的是"蟋蟀一对"，旁注小字道："要原配，即本在一窠中者。"似乎昆虫也要贞节，续弦或再醮，连做药资格也丧失了。但这差使在我并不为难，走进百草园，十对也容易得，将它们用线一缚，活活地掷入沸汤中完事。然而还有"平地木十株"呢，这可谁也不知道是什么东西了，问药店，问乡下人，问卖草药的，问老年人，问读书人，问木匠，都只是摇摇头，临末才记起了那远房的叔祖，爱种一点花木的老人（即玉田老人），跑去一问，他果然知道，是生在山中树下的一种小树，能结红子如小珊瑚珠的，普通都称为"老弗大"。

光绪二十二年（1896）初秋，周伯宜的病越来越重了，甚至连药也喝不进去了。他的喘息声颇为长久，连站在一旁的亲人都听得很吃力，然而谁也帮不了他。为此，周豫才有时竟会这样想：

"还是快一点喘完了罢……"

不过，他立刻觉得这种想法是十分不孝的，简直就是犯罪。到了九月初六一大早，周伯宜眼看着就要不行了。住在一门里的衍太太（周豫才的远房叔祖母）进来了。她是个精通礼节的妇人，说大家不应该这样空等着。于是，家人给周伯宜换了衣服；又将纸锭和一种什么《高王经》烧成灰，用纸包了给他捏在拳头里……

衍太太又转过来对周豫才大声说：

"叫呀，你父亲要断气了。快叫呀！"

年幼的周豫才这才叫起来：

"父亲！父亲！"

衍太太又说：

"大声！他听不见。还不快叫？！"

于是，周豫才又提高声音叫道：

"父亲！父亲！"

周伯宜已经平静下去的脸，忽然紧张了，将眼微微一睁，仿佛很痛苦。衍太太又催促说：

"叫呀！快叫呀！"

周豫才又和兄弟们叫道：

"父亲！"

这时，周伯宜有气无力地呻吟道：

"什么呢？……不要嚷……不……"

话还没有说完，他就又喘了起来。众人的神经都紧绷起来。过了好一会儿，房间里才又恢复平静，众人紧张的神色也稍稍有些缓和。

突然，周家兄弟拖长了声音，凄厉地叫道：

"父亲！"

周伯宜去世了。

父亲去世后，周豫才协助家人草草地将父亲下葬了。因为那些所谓的本家和亲戚早已和周家划清了界限。家庭的变故使他尝到世态炎凉的味道，多年后，他在《〈呐喊〉自序》里写道：

> 有谁从小康人家而堕入困顿的么？我以为在这途路中，大概可以看见世人的真面目……

# （四）

周伯宜去世之后，周豫才便不到三味书屋去读书了。不过，他仍然没有放松学习。在这段时期内，他开始着手搜集和整理有关乡土文献的古代历史、地方志，访问绍兴府属的名胜古迹，抄录和拓印碑碣文字。

有时，他还登上城西的卧龙山，瞻仰越王台；有时凝望那东出稽山门，折向南流的若耶溪，在那条清澈如明镜的溪水上，大诗人李白、杜甫、陆游等都曾经尽兴遨游……

在同一时期，周豫才还看到了一本名为《蜀碧》的书。书中记载了明末农民军首领张献忠屠川的种种情形。这让周豫才十分震惊。在中国的历史上，怎么会发生这样大规模的凶残事件呢？

不久以后，他又读到一本明代抄本的《立斋闲录》。这虽然只是一部残本，但其中记述的永乐皇帝的"上谕"已经足够让人怵目惊心了。年少的周豫才无论如何也没有想到，永乐皇帝作为一代明君，竟然也做了那么多缺乏人性的事情。

《蜀碧》和《立斋闲录》这类书籍，极大地强化了世态炎凉对周豫才的刺激，为他那强烈的内心仇恨注入了绵绵后力。

有一次，周豫才到一个叔祖家中去玩。那位叔祖母被人称为子传太太。周豫才和他们夫妇闲谈，无意中说道：

"我有许多东西需要买，就是没有钱。"

子传太太便怂恿他说：

"母亲的钱，你拿来用就是了，还不就是你的么？"

周豫才叹了口气说：

"母亲已经没有钱了。"

子传太太又说：

"可以拿首饰去变卖啊。"

周豫才凄然一笑，缓缓说道：

"哪里还有首饰可卖呢？这些年，为了祖父的事情和父亲的病，家中能卖的东西早已卖光了。"

子传太太一听，忽然神秘兮兮地说：

"也许你没有留心。到大厨的抽屉里，角角落落去寻去，总可以寻出一点珠子这类东西……"

早慧的周豫才听出这位叔祖母的话是带有恶意的，此后便再也不到那里去谈天了。但流言还是传了出来。大概一个多月后，周豫才便隐隐听到有人在背后议论他：

"看，那位周家的哥儿经常偷家里的东西去变卖。"

周豫才听了这话，既气愤又寒心。年少的他怎么也想不明白，人心为什么会如此险恶？

还有一次，族人要把周家台门的房子分了。周豫才作为家中的长子，便代表全家参加家族会议。令他没想到的是，那些长辈们竟然巧取豪夺，把本属于他们家的好房子全都抢了去。周豫才气不过，不肯在文书上签字，并且坚定地说：

"这么大的事情，我做不了主，必须去请示祖父。"

那些叔祖们一听，立即向他投来嫌恶的目光，示意他不该"乱说话"。在重重压力下，年少的周豫才最后还是在文书上签了字。

这些事情就像一根根烧红了的针一样，狠狠地刺激着周豫才的心灵。这场突如其来的灾难也让他看清了人间的冷酷与阴险。他对封建社会那种不满与仇恨，应该就是从这一时期逐渐积累起来的。

若干年后，妻子许广平向他抱怨亲戚的纠缠。他在回信中说：

"尝尝也好，因为更可以知道所谓亲戚本家是怎么一回事，知道世事可以更加真切了。倘永是在同一境遇，不忽而穷忽而又有点收入，看世事就不能有这么多变化。"

写这封信之后一年，一些青年学生问他为什么憎恶旧社会，他回答说：

"我小的时候，因为家境好，人们看我像王子一样。但是，一旦我的家庭发生变故后，人们就把我看成叫花子都不如了。我感到这不是一个人住的社会，从那时起，我就恨这个社会。"

鲁迅喜欢抽烟，书桌上堆了许多铁皮烟盒。一天夜里，他坐在桌前写作，外面的猫叫个不停，屡屡打断他的思路。鲁迅大怒，随手拿起铁皮烟盒向猫抛出去。事后，他得意洋洋地向友人说抽烟的好处——烟盒可以打猫。

# 第五章　求学生涯

　　巨大的建筑，总是由一木一石叠起来的，我们何妨做做这
一木一石呢？我时常做些零碎事，就是为此。

——鲁迅

## （一）

　　光绪二十四年（1898），18岁的周豫才走到了人生的岔路口。他
不得不考虑将来的职业选择了。按照传统，像他这样出身的人，自然
应该走做官的路，先把四书五经读个烂熟，再好好操练一番八股文和
试帖诗，然后去考秀才、举人、进士，最后搏个一官半职。他的祖父
周福清走的就是这条路。

　　但周豫才对这条路不感兴趣。一则，他在父亲和绍兴城里许多读
书人身上看到了科举制度的弊端。再说，就是做了官也未必能够安稳
一世，祖父周福清就是前车之鉴。二则，在西方文化的影响下，各种
新式学堂已在中华大地遍地开花，对传统的"学而优则仕"思想产生
了极大的冲击。

　　不过，要人们普遍而彻底地接受一种新思想并不容易，尤其是上
了年纪的人。在家人的要求下，周豫才也曾考虑过走"学而优则仕"
之路。在三味书屋读完经书后，他确实学过一段时间的八股文，写了

一些诸如《义然后取》《无如寡人之用心者》等文章，也作了些诸如《红杏枝头春意闹》《苔痕上阶绿》的试帖诗。

然而，由于家庭的变故，他最终还是没有在这条路上一直走下去。光绪二十四年春，周豫才央求母亲说：

"母亲，孩儿想到外地求学。"

母亲是十分开明的。她沉思了半晌，说道：

"出去看看也好，总比守在家里好一些。"

但是，该学什么好呢？

按照绍兴的传统，读书人不考秀才或考不上秀才，只有两种出路：一是给人当幕僚（即师爷）；二是学习经商。可是，当幕僚要有关系，学经商要有本钱。周福清在官场混迹多年，关系倒是有一些。但俗话说得好，"墙倒众人推"，如今周福清已经身陷囹圄，谁还愿意和周家往来呢？做生意的本钱就更没有了。

剩下的路，就只有进新式学堂了。于是，周豫才便开始关注周边城市的一些新式学堂。当时，杭州有一所求是书院，办得有声有色。但一打听，他就打了退堂鼓。因为这家学校的学费和生活费实在太高了，每月竟然需要32块大洋。一贫如洗的周家哪里还拿得出这么多钱呢？

万般无奈，周豫才只好把目光锁定在了江南水师学堂。

江南水师学堂又称南洋水师学堂、江宁水师学堂，地处南京下关仪凤门内，占地45亩。清政府开设这所新式学堂的目的，主要是为南洋水师培养水手，类似于今天的海军学校。

周豫才选择这家学校的原因有两点。其一，江南水师学堂不但不收学费，而且还供给伙食；其二，周家台门有一位名叫椒生的本家叔祖，以举人资格担任"轮机科舍监"。周豫才大概是从他那里知道这所学校的。

当时，人们都十分看不起那些进新式学堂读书的青年，将进新式学堂的青年称为"学洋务"。似乎只有那些走投无路的人，才会把"灵魂卖给洋鬼子"。更何况，周豫才进的是水师学堂。在人们看来，进这样的学堂其实就是去当兵。在封建社会里，由于厌恶战争，人们连当兵的也一起厌恶了。社会上甚至还流传着这样的谚语：

"好男不当兵，好铁不打钉。"

正因为这样，周家族人对周豫才进江南水师学堂读书颇为不满。就连在学堂里担任轮机科舍监的周椒生也觉得这件事有些不妥。但周豫才又没有其他出路了，怎么办呢？

最后，周椒生想了一个办法，就是不让周豫才用族谱上的名字去注册，而是给他另外取了一个名字——周树人。

就这样，周豫才的名字就由"周樟寿"改为周树人了。这个名字出于"百年树人"这句话，其意与"豫才"这个表字刚好呼应，所以他仍用"豫才"为表字。此后，周树人便成为他正式的名字，后来也被列入了绍兴周氏家族的族谱。他的两个弟弟之名——周作人、周建人，也是根据"树人"之意改的。

# （二）

光绪二十四年闰三月，周豫才特地到杭州去向尚在狱中的祖父和陪伴祖父的二弟周作人告别。然后，他毅然以"周树人"的身份前往南京，参加了江南水师学堂的入学考试。

多年后，鲁迅在《〈呐喊〉自序》中描写了这段经历：

　　我的母亲没有法，办了八元的川资，说是由我的自便；然而伊哭了，这正是情理中的事，因为那时读书应试是正路，所谓学洋务，社会上便以为是一种走投无路的人，只得将灵魂卖给鬼子，要加倍的奚落而且排斥的，而况伊又看不见自己的儿子了。

到了南京，周树人找到那位名叫周椒生的族叔祖，顺利报了名。随后，他便考取了南京水师学堂的试读生，并于3个月后正式补入三班。

这里的"三班"，并非今天所说的几年级几班。南京水师学堂学制为九年，每三年分为一段，即一班。初入学者从三班开始读，三年后升入二班，再三年升入头班。周树人刚刚入学，而且入学的时间似乎有点晚，所以只能补入三班。

周树人入学的时候，正值戊戌维新运动的高潮。江南水师学堂也确实开设了一些新式课程。多年后，他在《〈呐喊〉自序》中写道：

> 在这学堂里，我才知道世上还有所谓格致，算学，地理，历史，绘图和体操。生理学并不教，但我们却看到些木版的《全体新论》和《化学卫生论》之类了。

然而，学堂中依然有不少封建残余。学堂一周上六天课，其中四整天读英文，一整天读汉文，一整天做汉文（即八股文）。每年七月十五日的盂兰节，学堂甚至还会请和尚来做法事。对于这些，周树人还能忍受，但那些愚蠢而卑鄙的教员们却让他无法忍受。

教员们一个个架子十足，却胸无点墨，有一个甚至连"钊"都不识，念成了"钧"。他们自己水平低，还不许学生指正。有一次，周树人和一个同窗一起讥笑那位不识"钊"的教员，结果两天之内，两人竟被连记了两大过两小过。

周树人对江南水师学堂的不满情绪日增，到了这年年底，他终于忍无可忍，决定转学了。这一次，他投考的是江南矿务铁路学堂。这里的情形似乎要好一些，至少教员中没有那么多白痴。

入学之后，由于外籍教员还没到，学校暂时不开课，周树人便回到绍兴。他回家的时候，正好赶上绍兴县考（科举考试）。于是，两位准备参加县考的本家族叔便拉着他一同去赶考。或许是出于对江南水师学堂的不满，又或许是碍于情面，周树人参加了这次考试，而且成绩还不错。

考完县考，还要去参加府考，一路考下来才能取得秀才的身份，但周树人只参加了县考的一场考试。根据其弟周作人的回忆，他之所以放弃了后续的考试，主要是因为他们的四弟在这时夭折了。一家人的心情都不好，周树人便放弃了考试。

就在这时，矿务学堂又开学了。于是，周树人便匆匆打点行装，再次来到南京。矿务学堂的课程和水师学堂颇有不同。水师学堂教授英文，这里却教德文。除此之外，学生还要学算学、物理学、金石矿物学等。

这些东西都是周树人在绍兴和江南水师学堂时没有接触过的，这让他觉得很新鲜，学得也很卖力。每次考试，周树人的成绩都能占到中上等。

在此期间，周树人又进一步研究了《全体新论》和《化学卫生论》等书。这使他了解了一些西方医学，并由此知道了日本的明治维新和西方医学的关系。

与此同时，他还用学到的新知识去重新思考父亲的病。多年后，他回忆当时的经历时写道：

> 我还记得先前的医生的议论和方药，和现在所知道的比较起来，便渐渐的悟得中医不过是一种有意的或无意的骗子，同时又很起了对于被骗的病人和他的家族的同情；而且从译出的历史上，又知道了日本维新是大半发端于西方医学的事实。

## （三）

在周树人进入矿务学堂的第二年，学校换了一个新派校长俞明震。

这在一定程度上影响了学校的学习风气。不久，各种介绍新思想的书籍便在学堂里流传开来。周树人大概就是在这一时期开始阅读《天演论》的。

《天演论》是英国生物学家赫胥黎的著作，介绍的是达尔文的进化论思想。光绪年间，维新派代表人严复将此书翻译成中文发行，在国内影响甚大。书中"物竞天择"的新思想使周树人再也不能平静下去。偌大的中国为什么会受列强的欺凌？究其根本原因，就是我们落后了，没有跟上时代的步伐，没能适应"物竞天择"的现实。

怎样才能不受欺负？唯一的办法就是抛弃那些腐朽的、不合时宜的东西，奋起直追，抓住那些合时宜的、对国家对民族有用的东西。

但哪些东西是腐朽的？哪些东西是有用的？关于这一点，年轻的周树人还没有形成成熟的看法。

光绪二十八年（1902），周树人和他的同学们从矿务学堂毕业了。这时，一个新的问题再次摆在他的面前：他接下来该何去何从呢？多年后，他在《琐记》中描述当时的心情时说：

> 毕业，自然是大家都盼望的，但一到毕业，却又有些爽然若失。爬了几次桅杆，不消说不配做半个水兵，听了几年讲，下了几回矿洞，就能掘出金银铜铁锡来么？实在连自己也茫无把握……爬上天空二十丈和钻下地面二十丈，结果还是一无所能。

都已经从学校里毕业了，难道连一点专业知识都不懂吗？当然不是。一则，周树人的志向和当时许多有志青年一样，都想力挽狂澜，拯救国家和民族于水火之中。然而，要做到这一点谈何容易？轰轰烈烈的维新运动失败了，连康有为、梁启超都逃到了日本，他们这些初出茅庐的青年能有办法？

二则，中国当时的自然科学正处于起步阶段，一切都在摸索之中前进。起初，校方很重视外籍教员。但过了一段时间后，他们觉得，不就是挖煤开矿吗？这么简单的事情也能叫科学？于是，校方便辞退了外籍教员。可是，中方的教员哪里懂得开矿？外籍教员一走，学生们自然学不到什么东西了。

也就是说，周树人在矿务学堂学到了一些矿务知识，但还不足以致用。不过，周树人在校期间的学习成绩很好，毕业时还获得了"第一等"的文凭。正因为这良好的成绩，让他获得了出国留学的机会。

光绪二十八年春，两江总督刘坤一根据清政府的指令，要选送一些学生到日本留学。可以说，周树人十分向往日本，但这种向往是出于对祖国的热爱。因为日本和中国同样处于世界的东方，文化也十分接近，但日本却在明治维新之后迅速强大起来，摆脱了列强的欺凌。

日本是如何做到这一点的呢？中国为什么做不到？怀揣救国之梦的周树人早就想亲自到日本去看一看了。

如今，他终于有了这样的机会。于是，他便向校方递交了申请书。凭着出色的成绩，周树人很顺利地就被选中了。

不久之后，周树人就与张邦华、顾琅、伍崇学等几位同学，以"南洋矿路学堂毕业生奏奖五品顶戴"的身份，在校长俞明震的带领下，踏上了停泊在南京长江码头的日本客轮"大贞丸"号，驶向了遥远日本。

年轻的周树人十分兴奋。他知道，摆在他面前的是一条陌生的道路，是一个未知的、神秘的大千世界。在那里，他也将展开新的追求，撰写生活史上新的一页。

鲁迅平时话不多，但一到演讲的时候，他都能滔滔不绝地连续讲几个小时。他的演讲总是旁征博引，妙趣横生，常把青年们逗得哈哈大笑。

# 第六章　东渡日本

天才并不是自生自长在深林荒野里的怪物，是由可以使天才生长的民众产生、长育出来的，所以没有这种民众，就没有天才。

——鲁迅

## （一）

到了日本，周树人觉得一切都是新鲜的。这里的一切都显得朝气蓬勃，与垂死挣扎的大清王朝完全不同。

怀着激动的心情，周树人进入了设在东京的弘文书院补习日文。他所在的班称为"江南班"，有十几名中国留学生，他们都准备在弘文学院学好日文之后，再到各地去学习其他专业。

一个月之后，周树人给二弟周作人寄了3张照片，并在一张照片背后题道：

会稽山下之平民，日出国中之游子，弘文学院之制服，铃木真一之摄影，二十余龄之青年，四月中旬之吉日，走五千余里之邮筒，达星杓仲弟之英盼。兄树人顿首。

这几句洋溢着浓郁的情感，并带有学生腔的话表明，周树人对日本的生活颇为满意。

然而，这种情感很快就被现实击碎了。日本这个民族的性格极其复杂。一方面，他们极端自卑；另一方面，他们也有着极端的自大。明治维新以前，日本国势衰颓，日本民族性格中自卑的成分表现得比较强烈。但到了周树人留学日本之时，他们的自卑已经被自大所掩盖。

当时，已经完成资本主义改良运动的日本迅速强大起来。与此同时，日本独霸东亚的野心也日渐膨胀。光绪二十年（1894），日本海军在甲午海战中歼灭了清朝的北洋水师，清政府被迫在次年与日本政府签订了丧权辱国的《马关条约》。该条约规定：

清政府从朝鲜半岛撤军并承认朝鲜的"自主独立"，中国不再是朝鲜之宗主国（朝鲜半岛不久即沦为日本的殖民地）；中国割让台湾岛及所有附属各岛屿、澎湖列岛和辽东半岛给日本；中国赔偿日本军费2亿两白银（后来日本以退归占领的辽东半岛为由，又索要3000万两白银的赎还费）；中国开放沙市、重庆、苏州、杭州为商埠，日本轮船可以沿内河驶入以上各口；清政府允许日本人在中国通商口岸设立领事馆和工厂及输入各种机器；日本在华享受片面最惠国待遇；中国不得逮捕为日本军队服务的人员；台湾、澎湖内中国居民，两年之内变卖产业搬出界外，逾期未迁者，将被视为日本臣民。

清政府的无能和软弱使日本举国上下都弥漫着一股鄙视中国人的风气，有的日本报纸甚至公然宣称：

"西洋人视中国人为动物，实际确乎不得不产生动物、下等动物的感觉，因此，他们（指中国人）在生理上已失去人类的资格。"

周树人很快就感受到了这种"在生理上已失去人类的资格"。他走在东京的大街上，常常会遭到一些少年的辱骂和蔑视。但是，坚强的周树人并没有被这些无端的辱骂所击垮。日本人藐视中国人，那是有理由的，因为他们打败了你。除非中国人自己振作起来，再打败他们，方能扭转这种局面。多年后，他曾说过这样一句话：

"一个人乏到了自己打自己的嘴巴，也就难保别人不来打你的嘴巴。"

周树人的这种人生经验大概就是从这个时候开始形成的。事实上，当时的许多有识之士大都产生了这种意识。清政府大量向日本派遣留学生就是一个明证。北洋水师在甲午海战中的覆没不但给清政府和国人带来了耻辱，也敲醒了昏聩的统治集团。因此从光绪二十一年（1895）开始，清政府每年都会派遣大批的留学生和官僚到日本学习先进的科学技术。

然而，清政府派遣的留学生成分却十分复杂，既有像周树人这样从西式学堂里毕业的学生，也有从旧式学塾、书院出来的童生、秀才等，甚至还不乏拔贡、举人、进士。他们拖着长长的辫子，来到这个迅速崛起的资本主义国家，目的各异。

在这其中，确实有一部分人和周树人一样，怀揣着某种梦想，想通过学习先进的技术回去拯救国家；但也有一些毫无目标的庸才，只想出去赶赶时髦或到日本游览一番，镀镀金回去罢了，反正一切费用皆由清政府负担。

多年后，当周树人已经成为鲁迅之时，他在《藤野先生》一文中讽刺了那些不学无术、只知道赶时髦的留学生说：

> 东京也无非是这样。上野的樱花烂熳的时节，望去确也像绯红的轻云，但花下也缺不了成群结队的"清国留学生"的速成班，头顶上盘着大辫子，顶得学生制帽的顶上高高耸起，形成一座富士山。也有解散辫子，盘得平的，除下帽来，油光可鉴，宛如小姑娘的发髻一般，还要将脖子扭几扭。实在标致极了。

# （二）

周树人看到那些"油光可鉴""标致极了"的大辫子就反感。不久，他就响应孙中山、章太炎、邹容等革命党人的号召，剪掉了那条象征着清朝统治的长辫子。当时，孙中山、章太炎、邹容等一大批志在推翻满清统治的革命人士都流亡在日本。他们不断在留学生中间宣传革命思想，收到了良好的效果。周树人的反清意识也是在这一时期逐渐形成的。

剪掉了辫子，周树人顿时觉得一阵轻松。他摸了摸自己的短发，得意地笑了。走出理发店，他没有回自己的宿舍，而是去找友人许寿裳，让他欣赏一下自己剪掉辫子后的风采。许寿裳和周树人是同乡，比他晚半年到日本，此时也在弘文学院进修日语。

许寿裳所在的浙江班风气要比周树人所在的江南班开放得多。当时，浙江班的留学生已有大半剪掉了辫子。许寿裳到东京的第一天，就与一位同窗去掉了头上的"烦恼丝"。然而，周树人所在的江南班还没有一个人剪辫子。这主要是因为江南班的留学生监督姚文甫是个典型的顽固派，坚决不允许学生剪发。

周树人来到许寿裳的宿舍，眼里闪着喜悦的光辉。许寿裳见到友人的崭新模样，激动地评论说：

"呵，壁垒一新啊！"

周树人也满意地摸了摸头发，笑道：

"壁垒一新！"

随后，周树人还拉着这位友人一起到照相馆，郑重其事地拍了一张"断发照"，以示纪念。对着照片，周树人看到了崭新的自己，并开始思考祖国四万万同胞的未来。自己身在日本，天高皇帝远，清朝统治者管不了他，但留在祖国的同胞呢？他们依然处于清政府的腐败统治之下。他似乎看到了同胞们痛苦的模样，听到了同胞们苦难的呻吟……

一种无法抑制的感情在他的心中澎湃起来。周树人不能自已，提笔在照片的背后写下了一首七言绝句：

灵台无计逃神矢，风雨如磐闇故园。
寄意寒星荃不察，我以我血荐轩辕。

周树人带头剪发的行动引起了姚文甫的不满。在他看来，周树人的这种行为简直等同于带头造反，是大逆不道的。但他只是个小小的监督，没有审判权，而且又身在日本。否则，他很可能会将周树人抓入监牢，甚至砍掉他的脑袋。

不过，姚文甫还是有其他的办法惩治周树人的。他私下扬言，要停掉周树人的官费，并把他遣送回中国。同窗们听说这件事后，都纷纷埋怨周树人说：

"你这下可闯了大祸呀！万一被送回国内，你的一生可就毁了！"

周树人的心中也有些忐忑，但他却一点也不后悔。他淡淡地反问道：

"回国又如何？"

正当众人为周树人担忧时，姚文甫却出事了。原来，这个飞扬跋扈的监督是个伪君子。他表面摆出一副严肃、方正的样子，私下里却与一位钱姓女生私通。留学生们早就想惩治他了，只是苦于没有证据。

一天，邹容等几名留学生发现姚文甫把那位钱姓女生叫到了寓所。他们十分愤慨，便冲入姚文甫的寓所。姚文甫被抓了个现行，还想狡辩。邹容等人不容他说话，便迅速将其控制住，还封住了他的嘴巴，又拿起一把剪刀，"咔嚓"一下剪掉了他脑后的辫子。

留学生们还觉得不解气，又把姚文甫的辫子挂到留学生会馆门口示众。姚文甫当众出了丑，顿时威风扫地，再也不敢在日本呆下去了。不久，他就灰溜溜地逃回国了。

姚文甫的败逃让周树人异常兴奋。同时，邹容等留学生的勇敢行为也极大地鼓舞了他。从此之后，周树人便开始与革命派人士建立起亲密的关系。

（三）

在弘文书院期间，周树人不但进一步接触了革命思想，还努力接受各种新思想、新文化、新科学。他夜以继日地学习着，不但学习日文和德文，还贪婪地阅读各种介绍西方美学、文学、科学的课外书籍。这一切，都为他日后从事文学创作提供了丰富的营养。

光绪二十九年（1903）五月，周树人应浙江同乡会主办、许寿裳编辑的刊物《浙江潮》邀请，决定替刊物撰文。他从日译本转译了法国著名作家雨果《随见录》中的一篇文章《哀尘》，发表在《浙江潮》的第五期。同一期上，他还发表了自己译述的小说《斯巴达之魂》。这两篇处女作虽然尚显稚嫩，但却表现了周树人对苦难人民的同情心和炽烈的爱国热情。

《哀尘》原名《芳梯的来历》。周树人所译的这一片断，是雨果叙述了自己在1841年时目睹的一个下层妇女被污辱、被迫害的事实：

在一个雪花如掌的腊月天里，一个无赖少年无端用雪球戏弄和袭击了一个穷苦的女子，这个女子不得不自卫时，巡警忽然走来。然而，巡警竟然不顾是非，公开袒护有权势的无赖少年，判处被欺负的弱女子监禁6个月。

通过这个故事，雨果无情地鞭挞了暗无天日的悲惨世界。

在这篇短短的译文中，周树人融入了自己鲜明的爱憎情感。他憎恶那个无端凌辱女子的无赖少年，把他的名字译成"频那夜迦"——这名字是印度神话中的一个恶神。

周树人将无赖少年视为凶神恶煞，而对那位被凌辱的穷苦女子却满怀同情，并对造成这些女子不幸的罪恶社会表示出了极大愤慨。他在"译者曰"中充满激情地写道：

> 噫嘻定律，胡独如此贱女子之身！频那夜迦衣文明之衣，跳踉大跃于璀璨庄严之世界，而彼贱女子者，乃仅求为一贱女子而不可得，谁实为之，而令若是：……嗟社会之陷阱兮，莽莽尘球，亚欧同慨，滔滔逝水，来日方长。

《斯巴达之魂》所讲述的是斯巴达的300名勇士在温泉关抵抗波斯大军入侵的悲壮故事。当时的周树人为什么会翻译这篇小说呢？

原来，中国著名的改良派领袖梁启超曾写过一篇《斯巴达小志》的文章。在文章中，梁启超盛赞雅典为文化之祖国，而斯巴达为尚武之国；雅典是19世纪的模范，而斯巴达则是20世纪的模范。由于它以尚武精神为立国第一基础，所以它也成为现代十几个强大文明国（指西方主要资本主义国家）的祖国。为此，这位改良派的领袖大声疾呼：

"斯巴达精神乃是今日中国之第一良药也！"

周树人深受这一思想的影响。因此，初到日本的两年间，他看了不少介绍关于斯巴达的史书和文学作品。

# （四）

恰在此时，东京的留学生从《朝日新闻》上得知，沙俄已向清政府提出七条密约，企图霸占中国的东北地区。留学生们对此异常愤慨，纷纷自发地组织起来，成立"拒俄义勇队"，并致函清政府，敦促政府坚决抗俄。

爱国学生们给清政府的信函大义磅礴，词色壮烈，并引述了古希腊城邦国家斯巴达英勇抗拒异族入侵的精神。在信的最后，学生们高声疾呼：像斯巴达这样的小国尚且有义不辱国之士，难道泱泱中华连一个义士都没有吗？

正是为了宣扬斯巴达精神，周树人翻译了《斯巴达之魂》这篇小说。在小说中，斯巴达国王列奥尼达（周树人译为"黎河尼陀"）面对波斯王的数万侵略军，毅然率领300名斯巴达将士和数千名希腊盟军，在温泉关与侵略者展开了激烈的战斗。斯巴达勇士们在我寡敌众的形势下，大无畏，大无敌，"临敌而笑，结怒欲冲冠之长发，以示一瞑不视之决志"，而列奥尼达王更是抱着"王不死则国亡"的决心为国而战，直至全军覆没。

对此，周树人高声礼赞：

"巍巍乎温泉门之峡，地球不灭，则终存此斯巴达之魂。"

在小说的最后，他还鼓励青年们说：

"我今掇其逸事，贻我青年。呜呼：世有不甘自下于巾帼之男子乎？必有掷笔而起者矣。"

从单纯的文学角度来看，《哀尘》和《斯巴达之魂》都还称不上成熟，但在当时已经是十分难能可贵了。这两篇情感激越的译作在留学生中间产生了热烈的共鸣，不少学生还从中摘抄一些警句，以资激励。

在翻译西方小说的同时，周树人还撰写了《说鈤》《中国地质略论》，以及与友人颜琅台编写了《中国矿产志》等论文。其中，《说鈤》介绍了著名科学家居里夫人发现放射性元素镭的最新科学成果。《中国地质略论》和《中国矿产志》则论述了当时中国地质和矿产分布情况。

除此之外，他在这一时期还翻译了几部科幻小说，如凡尔纳的《海底旅行》《月界旅行》等。

周树人认为，科学与爱国是紧密相联的，科学可以唤起人民的爱国热忱，也可以改变国家落后的局面。他的这种爱国方式和当时大多数

爱国留学生是不同的。其他留学生大都将目光锁定在政治领域,而他却将重点放在科学方面。这也是他后来选择到仙台学医的原因之一。

当然,这并不是说周树人对政治漠不关心。光绪二十九年九月,他就参加了以推翻满清种族统治为宗旨的革命组织"浙学会"。

"浙学会"的总部设在浙江省杭州市,大部分成员都是杭州求是书院追求革命的师生。周树人的朋友沈瓞民、许寿裳等,都是这个组织的会员。当许寿裳邀请周树人参加浙学会时,他毫不犹豫地答应了。

浙学会也是"光复会"的前身之一。一年后,光复会正式成立。随后,光复会的东京分部也正式成立,周树人便成为光复会的最早成员之一。

# 第七章　藤野先生

　　什么是路？就是从没路的地方践踏出来的，从只有荆棘的
地方开辟出来的。

——鲁迅

## （一）

　　光绪三十年（1904）三月，周树人从弘文书院毕业了。在书院的两年时间里，他不仅为考入专门学校做好了学业上的准备，也为其今后的文学创作奠定了坚实的基础。

　　按照两江总督派遣留学生时的打算，周树人和几位江南矿务学堂的同窗应该升入东京帝国大学工科所属的采矿冶金科学习。然而，那时东京帝大富有盛名，竞争十分激烈；再加上日本当局为了防止中国留学生占据日本学生的名额，暗中设置了不少关卡。中国留学生想考上东京帝国大学，简直比登天还难！

　　弘文学院教员江口先生对此十分熟悉，因此，这位平日里对中国留学生多有关照的教员就劝说周树人等人改考医学院。江口先生介绍说，日本的医学质量与德国相差无几，大大超过了英、美、法等国。更重要的是，日本当局很重视现代医学，在政策上也大力扶持医学院的发展。因此，医学院的名额多于工科、农校，入学考试也相对容易一些。

周树人觉得江口先生说得有道理，但一时还拿不定主意，因此就对江口先生说：

"先生所说得极有道理，请容学生稍稍考虑几天。"

江口先生笑道：

"这关乎你未来的职业选择和一生，理应慎重一些。"

周树人回到宿舍后，认真思考起来。一桩桩往事像放电影一样在他的脑海里浮现。他想起了父亲生病时的景象。如果中国的医学能够像日本一样发达，父亲说不定就不会死；如果中国的医学能够像日本一样发达，许多和父亲一样的病人说不定就能免于痛苦……

在南京时，周树人曾读过的一些介绍日本明治维新的书籍。他从书中了解到，日本的明治维新就是发端于医学的进步。尽管这种记载可能有夸大失实之处，但西方医学在日本的传播确实为日本近代自然科学的发展奠定了唯物主义自然观的思想基础。那么，中国为什么就不能学习日本的经验呢？

也就是说，学习现代医学不但能够治病救人，还能拯救民族和国家于水火之中，这是多么划算的事情啊！考虑再三，周树人决定接受江口先生的建议，报考仙台医学专门学校。

仙台是一个偏僻的市镇，远不能与繁华的东京相比，周树人为什么会选择这所学校呢？周树人在东京呆了两年，深知这里既是天堂，也是地狱。很多中国留学生就是在这座五光十色的城市中堕落的。多年后，他在《藤野先生》一文中写道：

> 中国留学生会馆的门房里有几本书卖，有时还值得去转一转；倘在上午，里面的几间洋房里倒也还可以坐坐的。但到傍晚，有一间的地板便常不免要咚咚咚地响得震天，兼以满房烟尘斗乱；问问精通时事的人，答道，"那是在学跳舞"。

为了躲避这种喧嚣、嘈杂的环境，周树人决定到其他地方去看看。于是，他就选择报考了仙台医学专门学校。

初夏，清政府驻日公使杨枢替周树人向仙台医专发出了申请入学的照会。三天后，仙台医学专门学校校长山形仲艺和教务主任内田守一就复函杨枢，答应周树人可以免试入学。得到这个消息后，周树人很开心，遂正式填写了入学申请书和学业履历书。

由于仙台医专从未招收过中国留学生，周树人的这一选择立即成了仙台的新闻。仙台地方报《河北新报》还专门刊发了一条消息，说仙台医专已批准中国留学生周树人于9月11日（公历）来校学习。

初秋，周树人乘火车向仙台出发了。他在《藤野先生》中记述了这一入学过程：

> 从东京出发，不久便到一处驿站，写道：日暮里。不知怎地，我到现在还记得这名目。其次却只记得水户了，这是明的遗民朱舜水先生客死的地方。仙台是一个市镇，并不大；冬天冷得厉害；还没有中国的学生。

# （二）

周树人来到仙台后，虽然没有受到隆重的欢迎，但也引起了不小的轰动。他抵达仙台的当天，当地的《东北新闻》甚至专门刊发了一条消息说：

"中国留学生周树人君已经抵达仙台，正在寻找经营中国饭菜的旅店。"

这一报道颇有些捕风捉影的味道。事实上，周树人抵达仙台前，校方就已将他的食宿安排好了。周树人在《藤野先生》中如是记述道：

　　　　大概是物以稀为贵罢。北京的白菜运往浙江，便用红头绳系住
　　菜根，倒挂在水果店头，尊为"胶菜"；福建野生着的芦荟，一到
　　北京就请进温室，且美其名曰"龙舌兰"。我到仙台也颇受了这样
　　的优待，不但学校不收学费，几个职员还为我的食宿操心。

　　在这里，周树人以物自比，多少有些自嘲的味道。校方为他安排的
客店位于监狱旁边，客店的主人佐藤喜东治是一个年近六旬的老人。
他原是仙台一带藩镇的武士，藩主伊达的家臣。周树人入住佐藤客店
时，他早已失去了武士的身份，但在那一带依然颇有名气。

　　好客的佐藤先生很喜欢这位来自邻邦的青年，他把周树人安排在
一幢最好的木制二层楼房里。站在小楼上，可以俯瞰峡谷，银澄如练
的广濑川，尽收眼底。小川对岸的朦胧处，是青叶城旧址和耸立的向
山和爱宕山，山上披满了深绿色的松杉，松杉之间坐落着朱红色的寺
院，显得十分幽雅。客店的小院落里，还长着几棵大榉树，树上缠满
着藤萝，树下是不知名的灌木和杂草。

　　这样的环境非常适合读书，周树人相当满意。虽然也有不好的地
方，但那都是可以克服的。他在《藤野先生》中写道：

　　　　初冬已经颇冷，蚊子却还多，后来用被盖了全身，用衣服包了
　　头脸，只留两个鼻孔出气。在这呼吸不息的地方，蚊子竟无从插
　　嘴，居然睡安稳了。饭食也不坏。

　　然而，校方的一位先生却认为周树人住在这里不大合适，因为佐
藤客店还为监狱里的犯人包办饭食。那位好客的先生认为，周树人是
医专的学生，也是仙台的客人，与犯人吃一样的饭食是不相宜的。因
此，他几次三番地劝说周树人另寻住处。周树人虽然觉得客店兼办囚

人的饭食和他不相干，但好意难却，他也只得重新寻找相宜的住处。

佐藤老人很舍不得周树人。周树人搬家的那天，他拉着周树人的手，喃喃地说：

"为什么要搬走呢？这里不是很好吗？"

周树人歉疚地说：

"我很喜欢这里的环境，也很舍不得佐藤君。无奈，校方却认为我住在这里是不相宜的。"

佐藤老人惋惜地说：

"既然是校方的安排，我也不好强留你了。"

说完，佐藤老人拿出一把白壳短刀，双手递到周树人的面前，郑重地说：

"小小意思，不成敬意，请周君笑纳，作为一个纪念吧！"

周树人见那把白壳短刀是佐藤老人最喜欢的东西，慌忙道：

"这个礼物太贵重了，我不能收。"

佐藤老人做出一副生气的样子，厉声道：

"快收下吧！你这样子会让我很伤心的。"

周树人无奈，这才双手接过佐藤老人的礼物，并再三感谢。仙台医专的先生们和佐藤老人让他深深感受到了日本普通民众的好客之情。

不久，周树人便搬到了一家离监狱很远的客店。可惜的是，那里的饭食比佐藤客店里差得多，每天都要喝一些难以下咽的芋梗汤。

# （三）

仙台医专的课程安排得很满，全天都要上课，一周中甚至有两天从早晨7点就开始上课。课程主要包括解剖学、组织学、生理学、物理、伦理学、化学、德文、体操等。教员们对学生的要求也十分严格，特别是教授解剖学的藤野严九郎先生。

藤野严九郎就是给予周树人无私关怀的藤野先生。藤野先生出生于福井县坂井郡本藏村，早年曾在爱知县立医学校学习。毕业之后，他曾留校任教，后来才到东京帝国大学医学院研究解剖学。再后来，他来到仙台医专担任讲师。周树人入学时，他刚刚被提升为教授。

藤野先生长得黑黑瘦瘦的，留着八字胡，穿戴很随便，常常忘记结领带。有一回坐火车，列车员竟然怀疑他是小偷，还悄悄提醒乘客保护好自己的财物。这件事在仙台医专被传为笑谈，但藤野先生并不介意。

周树人对藤野先生所教的第一节课印象特别深刻。他后来在《藤野先生》中描述道：

> 其时进来的是一个黑瘦的先生，八字须，戴着眼镜，挟着一叠大大小小的书。一将书放在讲台上，便用了缓慢而很有顿挫的声调，向学生介绍自己道："我就是叫作藤野严九郎的……"

藤野先生的话还没说完，坐在后排的几个学生就笑了起来。这几个学生是留级生，在校已经一年了，对每个教授的趣闻轶事都比较熟悉。下课后，他们还津津乐道地给新生讲演每个教授的历史，尤其是藤野先生。

周树人并不关心教授们的趣闻轶事，他将所有的精力都放在了学习上。下课后，他经常留在自习室里整理笔记。他发现，日本研究西方医学的历史并不比中国早，但其成就却远在中国之上。

这是怎么回事？难道中国人比日本人笨吗？当然不是！之所以出现这样的情况，主要是由于日本当局对现代医学的研究给予了极大的政策和资金支持，而醉生梦死的满清统治集团不但不支持现代医学的发展，还在政策上设置了重重障碍。说到底，中国的现代医学比日本落后乃是一个社会问题。

周树人入学一周后，藤野先生的助手突然来叫他。周树人怀着忐忑的心情来到藤野先生的研究室，见他正坐在人骨和许多单独的头骨中间做研究。过了几秒钟，藤野先生抬起头，关切地问：

"我的讲义，你能抄下来么？"

周树人不好意思地回答说：

"可以抄一点。"

藤野先生笑了笑，然后说道：

"拿来我看看！"

周树人受宠若惊，立即返回自习室，把自己所抄的讲义交给藤野先生。两三天后，藤野先生又派助手把周树人叫到研究室。他一边把讲义递给周树人，一边笑着说：

"还不错，以后每周送一回给我看。"

在回寓所的路上，周树人打开讲义一看，大吃了一惊，同时也感到一种不安和感激！原来，藤野先生用红笔把他的讲义从头到尾都改了一遍，不但增加了许多脱漏的地方，就连一些文法错误也都一一修正过来了。

此后，藤野先生一直帮助周树人修改讲义，直到他教完了所担任的骨学、血管学、神经学等功课。

周树人感动极了，但年少的他也有任性的时候。有一次，藤野先生将他叫到研究室，翻出讲义上的一个图来，是下臂的血管。藤野先生和蔼地说：

"你看，你将这条血管移了一点位置了。——自然，这样一移，的确比较好看些，然而解剖图不是美术，实物是那么样的，我们没法改换它。现在我给你改好了，以后你要全照着黑板上那样的画。"

周树人很不服气，口头答应着，心里却想：

"图还是我画得不错；至于实在的情形，我心里自然记得的。"

# （四）

藤野先生对周树人的关怀引起了一些日本学生的嫉妒。第一学年结束后，周树人的成绩排在中等水平，这让很多日本学生愤愤不平。他们认为，中国是弱国，中国人全都是低能儿，考试成绩在60分以上就不是他们的真实水平。周树人怎么会能取得这么好的成绩？肯定是藤野先生向他泄露了考题。

一天，医专要开同级会，学生干事便在黑板上写了一个通知。周树人发现，那通知写得很诡异，末一句是：

"请全数到会勿漏为要。"

而且，学生干事还在"漏"字的旁边加了一个圈。

周树人也没多想，只是觉得这个圈加得很可笑。

同级会结束后，一个学生干事突然来到周树人的寓所。周树人和那人素日里并没什么来往，因此感到有些蹊跷。学生干事和他闲聊了一会儿，突然说道：

"周君，能把你的讲义借给我看看吗？"

周树人大方地回答说：

"有何不可呢？"

周树人找出讲义，递到学生干事的手上。那人随便翻了翻，就放下了。周树人感到很纳闷，但依然没多想。

学生干事刚刚离去，邮差就送来一封很厚的信。周树人拆开一看，只见第一句赫然写着：

"你改悔罢！"

这是《新约》上的句子，经托尔斯泰引用之后广为人知。当时正值日俄战争期间，托尔斯泰在写给俄国沙皇和日本天皇的信中，第一句便是"你改悔罢！"

日本舆论界对此很不满，纷纷指责托尔斯泰。"你改悔罢"这句话随之在日本青年中流传开来。

周树人看到这句话，心里更加不解。他到底做错了什么？他们竟然要自己改悔！

周树人继续往下看，信上的内容闪烁其词，但大意是他之所以能在上年的考试中取得不错的成绩，完全是因为藤野先生在他的讲义上做了记号，泄露了题目。

周树人这才明白，几日前的会议通知上为什么在"漏"字上加个圈，那根本就是在讽刺他啊！

周树人十分气愤，立即将此事告诉了藤野先生。藤野先生大怒道："真是岂有此理！周君，你一定要向学生干事讨个说法，我支持你！"

平日里与周树人关系不错的几个日本学生听说此事后，也都愤愤不平。他们自告奋勇地和周树人一起去找学生干事。那名学生干事没想到会出现这种局面，一时竟不知如何是好。

几名日本同学气势汹汹地说：

"你们这样做实在太过分了！你们必须给周君一个说法。"

那名学生干事难为情地说：

"怎样给他一个说法呢？"

周树人缓缓说道：

"彻底调查此事，并将调查结果公布出来。"

几天后，学生干事贴出了一张通告，向周树人道了歉。如此一来，流言终于平息了。

又过了一段时间，这位学生干事找到周树人，表示要收回那封匿名信。周树人也很大方，毫不犹豫地将信退了回去。

事情虽然平息了，但它已经在周树人那颗敏感的心上留下了不可愈合的伤口。他后来之所以会离开仙台医专，不能说没有这方面的原因。

# 第八章　弃医从文

　　节省时间，也就是使一个人有限的生命更加有效，也即等
于延长了人的生命。

——鲁迅

## （一）

　　光绪三十一年（1905）秋，周树人顺利升入仙台医专二年级。这一年发生了两件对周树人影响甚深的大事。第一件事是科举制度的废除。这年初秋，清廷接受袁世凯、张之洞等大臣的奏请，诏准自次年开始停止乡、会试和各省岁科考试，在全国范围内普遍实行新式教育。至此，在中国实行了1300余年的科举取士制度退出了历史舞台。

　　周树人得知这一消息后，不禁感慨万千。这一毒害读书人的制度终于被消灭了。不过，他依然有些担心。科举制度虽然被取消了，但培养这种制度的温床——万恶的封建制度还存在着，它会不会再次死灰复燃呢？

　　第二件事是日俄战争的结束。几乎在清廷废除科举制度的同时，日俄战争也以日本完胜而结束了。日本举国上下一片欢腾，但俄国人和中国人却没那么高兴。俄国人不高兴很好理解，毕竟他们战败了。中国人为什么伤心呢？原来，这场帝国主义争夺战是在中国东北进行

的。日俄交战，战场却在中国，中国人怎么能高兴呢？

这场罪恶的帝国主义争夺战给中国人民带来了沉重的灾难。仅就中国东北而言，"自旅顺迤北，直至边墙内外，凡属俄日大军经过处，大都因粮于民。菽黍高粱，均被刈割，以作马料。纵横千里，几同赤地"，"盖州海城各属被扰者有300村，计遭难者8400家，约共男女5万多名"，辽阳战场"难民之避入奉天省城者不下3万余人"，"烽燧所至，村舍为墟，小民转徙流离哭号于路者，以数十万计"。

甚至连日本人在中国东北开办的《盛京时报》都撰文称：

> （东北百姓）陷于枪烟弹雨之中，死于炮林雷阵之上者数万生灵，血飞肉溅，产破家倾，父子兄弟哭于途，夫妇亲朋呼于路，痛心疾首，惨不忍闻。

战争期间，日、俄双方都强拉中国老百姓为他们运送弹药，服劳役，许多人冤死在两国侵略者的炮火之下，更有成批的中国平民被日俄双方当作"间谍"，惨遭杀害。

当时，无声电影在日本已不是什么稀奇的东西了。不少学校都采用影视化教学，仙台医专也不例外。教授们在讲授细菌的形状时，就常常借助这一手段。有时课程结束后，教授们还会给学生们放映一些关于时事的影片。

有一次，教授讲完课后，还没到下课时间，因此便放了一段时事影片。影片讲述的是日本战胜俄国的情形。周树人惊讶地发现，在罪恶的战争中，偏偏有中国人夹在里边。一个中国人给俄军当侦探，不幸被日本军捕获，要枪毙了，围着看的却是一群面无表情的中国人。

日本学生们见状，欢呼雷动：

"万岁！万岁！"

周树人听着那一声声"万岁"声，心里十分难过。怎么会这样？我

们的同胞为什么会如此麻木不仁？看来，我们的同胞需要医治的不是肉体，而是精神！

下课后，日本学生们都在交头接耳地议论着影片的内容，周树人悄然离开了教室。他来到一片草坪上，安静坐下来，但心中却不能平静。如何才能唤醒国人的意志和精神？文艺，只有文艺！于是，周树人暗下决心：等到学年结束后就弃医从文。

到学年终结时，周树人果然去找藤野先生，对藤野先生说：

"先生，我不想学医了。"

藤野先生吃了一惊，随即脸上出现一幅很悲哀的表情，似乎想说话，但什么也没有说。周树人见状，便撒了个谎说：

"我想去学生物学，先生教给我的学问，也还有用的。"

藤野先生叹息道：

"为医学而教的解剖学之类，怕于生物学也没有什么大的帮助。"

几天后，藤野先生把周树人叫到家中，交给他一张相片，后面写着"谨呈周君，惜别，藤野"几个字。

周树人双手接过照片，眼里噙满了泪花。

藤野先生开口道：

"走的时候和我说一声，我要去送送你。"

周树人点了点头。

藤野先生又说：

"以后要经常和我联系，告诉我你的状况。"

周树人又用力点了点头。

可惜的是，周树人离开仙台后很多年没有照过相，生活状况也不大好，便没有再与藤野先生联系。但他始终都没有忘记这位恩师。多年后，他在《藤野先生》一文中写道：

我所认为我师的之中，他是最使我感激，给我鼓励的一个。有时我常常想：他的对于我的热心的希望，不倦的教诲，小而言之，是为中国，就是希望中国有新的医学；大而言之，是为学术，就是希望新的医学传到中国去。他的性格，在我的眼里和心里是伟大的，虽然他的姓名并不为许多人所知道。

# （二）

光绪三十二年（1906）夏，周树人从仙台回到东京，开始了他的革命文艺活动。通过朋友的帮助，他在东京的本乡区汤岛二丁目的一个叫"伏见馆"的公寓租了一间小房子。然后，他把学籍放在东京德语协会的德语学校，以便继续以中国留学生的身份领取清政府发放的官费。

周树人为何会选择德语学校呢？其一，他已经学习了一些德语，有了一定的德语基础；其二，德国是资本主义世界的后起之秀，在科技、经济、文化等方面都已超出英、法等老牌资本主义国家。

周树人的心中充满了拯救民族的纯真热望。然而，他的朋友们却不能理解他的选择。当时，中国留学生们都坚定地认为，只有科技或政治才是救国良方，空洞的文学对于自己和民族似乎没什么用处。但周树人没有听从众人的劝阻，毅然走上了艰辛而又充满希望的文艺之路。

就在这时，一个令后人唏嘘不已的插曲闯进了周树人的生活。周树人的母亲鲁瑞不知从哪里听到谣言，说周树人在东京与一个日本女性结了婚，而且还生了孩子。

当时，部分日本人虽然看不起中国人，但仍有一部分青年对中国人持有好感，毕竟他们是"天朝上国"来的。何况留学中还有不少人出自官宦或富商之家，在经济上十分宽裕，比日本学生还潇洒。日本的《万朝报》就曾刊登过几篇充满醋意的报道，称漂亮的日本姑娘都嫁给了中国留学生。

老太太听到这个消息后，立即火冒三丈。周树人是周家的长子，是周家未来的希望，无论如何也不能让他留在日本。更何况，他还是个有婚约在身的人。

早在光绪二十五年（1899），周树人尚在南京矿务学堂读书时，鲁瑞便为他物色了一个未婚妻——朱安。朱安出身富商家庭，自幼接受传统教育，脾气和顺，会做针线，擅长烹饪，是个典型的贤妻良母。然而，残酷的旧社会在她的身上留下了两处硬伤——不识字和小脚。周树人是个追求进步的青年，不可能与这样的传统女性结为夫妻。对这一点，鲁瑞也非常清楚。因此在安排这桩婚事时，她并没有告诉儿子。

光绪二十七年（1901）底，鲁瑞不断催促即将从南京矿务学堂毕业的周树人回乡完婚。唐诗有云："洞房花烛夜，金榜题名时。"接受新式教育的周树人不大可能金榜题名了，但从矿务学堂毕业也算得上是一喜了。如果能在此时完婚，也算是双喜临门。

但周树人想尽办法，一再推迟回乡的时间。不久，他就拿到了官费留学日本的名额。这样一来，鲁瑞想为儿子完婚的想法便落空了。不过，她心里还是很开心的，有哪个母亲不希望自己的儿子有出息呢？朱家人虽然没能将已经成为大龄剩女的女儿（朱安时年已经23岁，在当时已算大龄青年）嫁出去，但看到未来的女婿如此有出息，也非常高兴。

周树人抵达日本后，鲁瑞曾多次要求他回乡成亲。周树人向母亲提出了两项要求：一，朱安必须放脚；二，朱安必须进新式学堂读书。否则，他就不会与朱安成亲。

这两项要求把思想保守的朱家吓了一跳，也为朱安的婚事蒙上了一层阴影。虽然鲁瑞对未来的儿媳妇很满意，但谁也不能预料留学在外的激进青年会采取什么行动。

光绪二十九年（1903），周树人回故乡探亲。家人见他身穿西服，剪了辫子，都觉得这不是什么好兆头。朱安也隐隐感到，她与未婚夫不会有什么好的结局。然而，令所有人诧异的是，周树人并没有提出退婚的要求。

周树人和朱安之间并没有感情，为什么不退婚呢？据周作人和其他一些同时代的人回忆，周树人这样做有两方面的原因。其一，周树人是一个孝子，他不愿意让母亲失望；其二，周树人颇为同情朱安，因为当时被退了婚的女子在社会上是根本无法立足的。然而他没想到的是，正因为他没有提出退婚的要求，最终酿成了朱安一生的悲剧。

# （三）

光绪三十二年仲夏，周树人接二连三地接到家人的书信，催促他回国完婚。在人生路上处处碰壁的周树人此时哪有心思结婚啊！更何况，新娘还是个他素未谋面的陌生女子。因此，周树人以各种理由搪塞了母亲的要求。

鲁瑞见说不动儿子，就想了一个不大光彩的办法。她让周作人写信给大哥，说自己病了，而且病得很重。孝顺的周树人接到家信后，不敢耽搁，立即收拾行囊，乘船返回祖国。一路上，他焦灼万分，生怕母亲有个三长两短。可等跨入家门的那一刻，他才知道自己上当了。母亲根本没生病，她只不过想骗自己回国完婚。

婚礼完全是按旧时繁琐的仪式进行的。周树人装了一条假辫子，从头到脚一身新礼服。周氏族人都知道周树人是新派人物，担心会出意外。于是，众人都排开阵势，互相策应，七嘴八舌地劝诫他。然而周树人并没有什么反常的举动，司仪让他做什么，他就做什么，就连鲁瑞都觉得诧异。

新娘乘坐的轿子到了周家台门，从轿帘下方先是伸出一只中等大小的脚。这只脚试探着踩向地面，然而由于轿子过高，脚没踩着地面，绣花鞋却掉了。周树人发现，那是一只被裹得很小的脚，完全符合封建社会"三寸金莲"的标准。

周树人的心中一阵厌恶，但又有一丝感动。他厌恶的并不是新娘的小脚，而是万恶的封建制度。朱安原本应该有一双自然而美丽的脚，

但在封建制度的摧残下，她的双脚已成为畸形。而令他感动的是，朱安知道自己喜欢大脚，特意在大鞋里塞了棉花，想讨自己的欢心。

一阵忙乱之后，媒婆把朱安的鞋子重新穿上，她也终于从轿里走了出来。这是周树人平生第一次看见这位名义上的妻子。朱安身材不高，一套新装穿在身上显得有些不合身。在族人的簇拥和司仪的叫喊声中，新娘的头盖被揭去了。她面色黄白，尖下颏，薄薄的嘴唇使嘴显得略大，宽宽的前额显得微秃。

对朱安，周树人有着一种独特的感情，但那绝对不是男女之间的爱情，而是一种介乎亲情和同情之间的感情。他同情朱安的遭遇，也可以把她当成自己的家人看待，但绝对不会把她当成爱人。

按照绍兴的习俗，周树人应在完婚的第二天携新婚妻子到祠堂祭祖。但周树人没有这样做，他把自己关在书房里，呆了整整一天。晚上，他就睡在那里。第三天一大早，他就带着二弟周作人一起远赴日本了。

可怜的朱安在新房中独自等待，她不知自己到底做错了什么。作为一个旧时代的女人，没有文化的女人，在这场婚姻中，她一开始就处于被动地位。从这一天起，她的命运就和周家联系在了一起，然而她名义上的丈夫的一切又似乎与她无关，直到她孤独而又痛苦地走完自己的一生。

在不幸的婚姻中，痛苦是双方的，周树人心灵上所承受的痛苦也不比朱安轻。他曾多次对朋友说：

"她（指朱安）是我母亲的太太，不是我的太太。这是母亲送给我的一件礼物，我只负有一种赡养的义务，爱情是我所不知道的。"

在此后的岁月中，周树人和朱安始终保持着一种貌合神离的夫妻关系。他们之间没有爱，也没有恨；没有欢乐，也没有争吵……

这段婚姻悲剧到底是谁造成的？周树人，还是朱安，抑或是鲁瑞？他们谁都没有错，错的是那个万恶的封建社会。如果朱安没有裹脚，具有反封建、反压迫的进步思想，又能读一些书的话，周树人恐怕不会一直都不接纳她。

鲁迅一生爱书，看书前总要先洗洗手，书脏了就小心翼翼地擦拭干净。平时，他从不轻易把书借给别人。如果有人向他借书，他宁愿另外买一本新书送给对方。

# 第九章　"新生"运动

生命是以时间为单位的，浪费别人的时间等于谋财害命；
浪费自己的时间，等于慢性自杀。

——鲁迅

## （一）

返回东京后，周树人将所有的精力都投入到文学事业当中。他一心想用文艺为武器，改变国人的精神面貌，救亡图存。因此，他和许寿裳等志同道合的朋友决定创办一个文艺性的杂志，期望通过刊物的呐喊，打开一个新局面。

新刊物叫什么名字好呢？当时，周树人正在努力学习德语，很注意外国文学，尤其是文艺复兴时期的那种新兴的生气勃勃的文学。他特别喜欢意大利诗人但丁的《新生》。

但丁是意大利佛罗伦萨最出色的诗人之一，是现代意大利语的奠基者，也是文艺复兴开拓人之一。伟大的无产阶级思想家恩格斯曾评价他说：

"封建的中世纪的终结和现代资本主义纪元的开端，是以一位大人物为标志的，这位人物就是意大利人但丁。他是中世纪的最后一位诗人，同时又是新时代的最初一位诗人。"

因此，周树人在与许寿裳商量时说：

"你觉得给我们的刊物取为'新生'这个名字如何？"

许寿裳一听，马上赞道：

"'新生'好！新生，新生，新的生命，我们的国家现在就需要新的生命。"

周树人笑道：

"是啊。何止是国家呢？我们何尝不需要新的生命？文艺复兴时期，佛罗伦萨著名的诗人但丁的第一本诗集就叫《新生》。他的《新生》迎来了欧洲的文艺复兴，希望我们的《新生》能够迎来中华的复兴！"

然而，《新生》计划进行得并不顺利。当时，留学日本的中国学生大都看重实用的学问，很轻视文学。当周树人等人筹备《新生》的消息传出去后，大家都颇为惊讶，甚至有人开玩笑地说：

"这不会是学台所取的进学新生（即新考取的秀才）么！"

还有一个朋友直截了当地对周树人说：

"你弄文学做什么？这有什么用处？"

周树人并不恼，只是笑着回答说：

"学文科的人知道学理工也有用处，这便是好处。"

那位朋友知道无法劝阻周树人，便不再说什么了。

在众人的质疑声中，《新生》的撰稿人也纷纷打起了退堂鼓。开始时，撰稿人有好几个，其中包括周树人、周作人、许寿裳、苏曼殊、袁文薮等。袁文薮是个豪客，他不但决定为《新生》撰稿，还答应承担杂志运营的所有费用。

然而《新生》将要出版时，突然有几个撰稿人退出去了。随后，袁文薮也消失了。据周作人回忆，袁文薮去了英国，然后便再也没了消息。

当周树人已经成为名动天下的鲁迅时，他曾在《〈呐喊〉自序》中写道：

《新生》的出版之期接近了，但最先就隐去了若干担当文字的人，接着又逃走了资本，结果只剩下不名一钱的三个人。创始时候

既已背时，失败时候当然无可告语，而其后却连这三个人也都为各自的运命所驱策，不能在一处纵谈将来的好梦了。这就是我们的并未产生的《新生》的结局。

许寿裳在《亡友鲁迅印象记》中，对此还作了一点补充：

鲁迅想办杂志而未成，记得《〈呐喊〉自序》上已有说明：出版期快到了，但最先就隐去了若干担任文稿的人，接着又逃走了资本，结果只余下不名一钱的三个人。这三个人乃是鲁迅及周作人和我。

《新生》的夭折对周树人影响颇大。他在《〈呐喊〉自序》中还写道：

我感到未尝经验的无聊，是自此以后的事。我当初是不知其所以然的；后来想，凡有一人的主张，得了赞和，是促其前进的，得了反对，是促其奋斗的，独有叫喊于生人中，而生人并无反应，既非赞同，也无反对，如置身毫无边际的荒原，无可措手的了，这是怎样的悲哀呵，我于是以我所感到者为寂寞。这寂寞又一天一天的长大起来，如大毒蛇，缠住了我的灵魂了。然而我虽然自有无端的悲哀，却也并不愤懑，因为这经验使我反省，看见自己了：就是我决不是一个振臂一呼应者云集的英雄。

# （二）

《新生》计划虽然失败了，但周树人并没有放弃他的文艺救国之梦。他如饥似渴地阅读各种世界文学名著，碰到好作品时，他还不忘提笔将其翻译成中文。与大部分文艺青年一样，他的稿子起初并不能让编辑们满意。一连好几次，稿子都被出版社退了回来。

但是，周树人并未被失败击垮。他知道，编辑们之所以会退稿，大半原因在于自己的水平还不够。想到这里，他倒释然了，但依然没有放弃文艺救国之梦。

不久，机会终于找上门了。周作人在南京读书时认识了一个名叫孙竹丹的朋友。周作人随大哥到日本后不久，孙竹丹也来到日本。他是个典型的革命派，一心致力于救亡图存。为唤醒国人的反抗意识，他和几个朋友决定在东京举办《河南》杂志。

由于关注文艺的留学生并不多，为杂志写稿的人也少之又少。当时，周树人兄弟在东京留学生中已经小有名气，孙竹丹便决定请周氏兄弟帮忙写稿。

一天，孙竹丹突然来到周树人兄弟的寓所。周作人指着大哥，热情地向孙竹丹介绍说：

"孙君，这就是我曾经向你提起的周树人君，我的大哥。"

接着，周作人又向大哥介绍孙竹丹说：

"这就是我经常提起的孙竹丹君。"

周作人和孙竹丹相视一笑，热情地握了握手。孙竹丹向众人说明了来意后，周树人大喜，立即和他商量起来稿件内容。

周树人很勤快，写得也很快，是众人中产稿量最高的作者。光绪三十三年（1907）末，《河南》月刊第一号终于面世了。周树人以令飞的笔名在这期上发表了《人间之历史》一文，副题是"德国黑格尔（今译海克尔）氏种族发生学之一元研究诠解"。

这是我国最早介绍达尔文学说的文献之一。它从上帝创造世界的神话开始，详细地叙述了生物进化学说的历史，正如副题所表明的那样，重点介绍海克尔对进化论的阐释。和英国的赫胥黎一样，海克尔也是达尔文学说卓越的宣传者和捍卫者。他著有《生物普通形态学》一书，并提出了许多富有创见的观点。

光绪三十四年（1908）春，《河南》月刊第二号、第三号又连载了周树人的论文《摩罗诗力说》。这是他的第一篇文学论文，也是中国最早较有系统地介绍欧洲文学的论文之一。

所谓"摩罗诗力说",译成汉语就是"论恶魔派诗歌的力量"。"摩罗"一词,是梵语音译。"摩罗诗派"其实就是浪漫派,19世纪初期盛行于西欧和东欧,是以拜伦和雪莱为代表的资产阶级上升时期的积极或革命的浪漫主义流派。

在《摩罗诗力说》一文中,周树人主要介绍、评论了拜伦、雪莱、普希金、莱蒙托夫、密茨凯维支、斯洛伐斯基、克拉辛斯基和裴多菲等八位浪漫派诗人,其中包括"摩罗诗人""复仇诗人""爱国诗人""异族压迫之下的时代的诗人"等,他们"无不刚健不挠,抱诚守真,不取媚于群,以随顺旧俗",正是中国文人应当学习的榜样。

《摩罗诗力说》比较集中地反映了周树人早年的文艺思想及美学观点。同时,它也猛烈地批判了旧传统、旧文化,抨击了洋务派、维新派和复古派。

《摩罗诗力说》是"五四"运动前、思想启蒙时期的重要巨作,是揭露批判封建意识形态的檄文,同时也是我国第一部倡导浪漫主义的纲领性文献。文中的科学性、战斗性和抒情性三者有机地结合在一起,不少段落读起来更是琅琅上口。从认识水平来看,《摩罗诗力说》无疑是当时中国文化界成就最高的作品了。

# (三)

《摩罗诗力说》的发表引起了一大批复古派和维新派人士的不满。不过,周树人并没有因为他们的反对而放弃战斗。在《河南》月刊第五号上,他又发表了《科学史教篇》一文。在此文中,他简要地介绍了西方科学的发展史,阐述了科学技术在经济、文化建设中的重要作用。

与此同时,他也严厉地批判了复古派和维新派人士。在文中,他斥责复古派为"死抱国粹之士"。复古派认为,"近世学说,无不本之古人，一切新声，胥为绍术"，"今之学术艺文，皆我数千载前所已具"。实际上，世间万事万物都在发展变化，不可能一成不变。就算是所谓的"国粹"，也不可能在任何时代都能成为国粹。况且，在这个世界上，没有哪个国家或民族的文化是完美无缺的。复古派死守着所谓的"国粹"，怎么可能复兴中华呢？

周树人对维新派也提出了尖锐的批评。他指出，"新党"的最大弱点就是舍本逐末："故震他国之强大，栗然自危，兴业振兵之说，日腾于口者，外状故若成然觉矣，按其实则仅眩于当前之物，而未得其真谛"。

维新派主张学习日本和西方各国，大力发展现代工业，加强国防，但他们并没有看到西方和日本强大起来的主要原因。他们只知道生搬硬套西方及日本的经验，根本没有想过从文化和制度上进行改革。

不过，这并不是说周树人反对技术变革。他认为，中国想要在科学技术上与西方并驾齐驱，就必须重视基础理论科学的研究。文章还举出了历史上的许多事例证明，尽管基础理论科学进展的实用价值在很长一段时间内不能被人们所认可，但归根到底，它必定会在推动科学进步中发挥作用。

在《河南》月刊第七号上，周树人又发表了《文化偏至论》和译文《裴彖飞诗论》。在这两篇文章中，周树人继续批评了当时的新派人物。他认为，所谓的"新党"只想着学习西方，在中国实行技术革命，但他们既不了解中国的现状，也不了解西方的实际情况。在这样的情况下，中国怎么可能学到富国强兵的真谛呢？

这些文章表明，此时的周树人已经形成了自己独特的思想体系。可惜的是，清廷根本无法接受这些激进的主张。不久，《河南》杂志就出了事。清廷驻日公使以"言论过于激烈"为由，要求日本当局查禁。不久，刊物就停办了，周树人也被迫离开"战场"。

光绪三十四年（1906）下半年，周树人的大部分时间都是与章太炎一起度过的。章太炎，名炳麟，字枚叔，号太炎，浙江余杭人，中国近代著名的民主革命家、思想家、朴学大师。幼年时期，他曾受到祖父民族主义思想的熏陶，渐渐对清朝的异族统治产生不满。后来，他通过阅读《东华录》《扬州十日记》等书籍，逐渐形成了独具特色的华夷观念，并贯穿其一生。

光绪末年，章太炎开始与孙中山、邹容等革命派人士接触。光绪二十九年（1903），邹容、章太炎分别写出轰动全国的《革命军》和《驳康有为论革命书》。随后，《苏报》连续发表《读〈革命军〉》《序〈革命军〉》《介绍〈革命军〉》等文章，大骂皇帝和清政府，高呼革命为神圣"宝物"，要求建立资产阶级"中华共和国"，推荐《革命军》为国民必读的第一教科书。

清廷为此大为震怒，立即照会上海租界当局，以"劝动天下造反""大逆不道"等罪名封了《苏报》，同时将章太炎等逮捕。邹容义愤填膺，自动投案。章、邹在会审公廨上继续宣传革命，坚持斗争，蔑视帝国主义和清朝统治集团的迫害。

光绪三十年（1902）初夏，上海租界法庭将章太炎、邹容分别判处监禁三年和两年徒刑，并禁止中国人在租界内开办、出版宣传革命的书报。清朝统治集团和帝国主义列强的暴行，遭到了爱国人士的强烈谴责。

同年，邹容在狱中被折磨致死，年仅21岁。此事传出去后，举国上下一片震怒。邹容撰写的《革命军》一书销行更加广泛。从此以后，大量的爱国青年走上了革命的道路。

## （四）

光绪三十二年（1904）夏，章太炎刑满释放。随后，他在革命人士的安排下抵达日本。留学日本的留学生闻知后欢呼雷动，近万人自发地来到东京神田区锦辉馆,欢迎这位"革命党之骁将"。

当时,周树人刚刚从国内完婚返回日本。他有没有去参加欢迎会或聆听章太炎演讲,现在已无从得知。但作为一位激进的爱国青年,他很可能参加了这次集会。如果这样,这就是他第一次见到章太炎。章太炎抵达日本后,便投入到繁忙的革命活动之中,主持《民报》,宣传革命,而周树人则成了《民报》的忠实读者。他不仅爱读《民报》,而且还把它收集起来,装订成册。

光绪三十三年(1905),周树人与章太炎的接触逐渐密切起来。他们共同的朋友有陶成章、龚未生、陈子美、陶冶公、章行严、秋瑾、吕操元、陈独秀等革命派人士。不过,他在这一时期并没有拜章太炎为师。

直到《河南》杂志被封之后,百无聊赖的周树人才与一帮朋友一起,到章太炎的寓所听《说文解字》《庄子》《楚辞》《尔雅义疏》《文心雕龙》《汉书》等课程。与他一起听讲的全是中国近代史上赫赫有名的人物,其中有周作人、许寿裳、钱家治、钱玄同、朱宗莱、朱希祖、龚宝铨等。

周作人在《鲁迅的故家·民报社听讲二》中写道:

> 一间八席的房子,当中放了一张矮桌子,先生坐在一面,学生围着三面听。用的书是《说文解字》,一个字一个字的讲下去。……太炎对于阔人要发脾气,可是对学生却极好,随便谈笑,同家人朋友一样。夏天盘膝坐在席上,光着膀子,只穿一件长背心,留着一点泥须,笑嘻嘻的讲书,庄谐杂出,看出好像是一尊庙里的哈喇菩萨。

《河南》杂志被封不久,《民报》也遭到了日本当局的查封,并处以150元的罚款。日本当局知道章太炎是个穷人,不可能付得起这笔罚款,就宣布说:如果不能按时如数缴纳罚款,身为编辑人兼发行人的章太炎就要被罚做苦役以抵偿。

章太炎是个硬骨头，哪里怕什么苦役？结果，日本当局果真在宣统元年（1909）初将章太炎抓了起来。周树人、周作人和许寿裳等人闻讯大惊，立即商议营救事宜，但周家兄弟和许寿裳等人的经济情况也不宽裕。

据周作人《鲁迅的故家·校对》所载：清廷每年为周树人提供的官费为400元，且按月发放。也就是说，周树人每月只能领到33元（周树人的回忆文章中称每月36元）。当时，33元不算是小数目，但对留学日本的学生来说，这笔钱就算不了什么了。留学生们不但要支出各项学杂费，还要负担日常的衣食住行。因此，这些经济窘迫的学生要经常翻译一些小文章，:赚取一些稿费贴补生活。周树人自然也不例外。

在跟随章太炎学习《说文解字》的同时，周树人等人还参与了《支那经济全书》的校对工作。这本书的译印工作由湖北籍留学生陈某负责。巧合的是，陈某在章太炎被捕之前已毕业回国了。他和许寿裳颇为熟悉，便将余下的工作交由许寿裳代为处理。周树人和许寿裳等人一致决定，先用《支那经济全书》的印刷费帮老师缴纳罚金。在众人的努力下，章太炎第二天就被释放了。

周树人只跟章太炎学习了不到一年的时间，但章太炎的革命精神、人格魅力与学识水平等，无不令他为之倾慕。多年后，他在给友人的信中写道：

> 古之师道，实在也太尊，我对此颇有反感。我以为师如荒谬，不妨叛之，但师如非罪而遭冤，却不可乘机下石，以图快敌人之意而自救。太炎先生曾教我小学，后来因为我主张白话，不敢再去见他了，后来他主张投壶，心窃非之，但当国民党要没收他的几间破屋，我实不能向当局作媚笑。以后如相见，仍当执礼甚恭（而太炎先生对于弟子，向来也绝无傲态，和蔼若朋友然），自以为师弟之道，如此已可矣。

鲁迅是浙江人，但吃饭却"无辣不欢"。在南京读书时，鲁迅囊中羞涩，没钱买煤取暖。每到冬天的时候，他就用红辣椒驱寒。久而久之，他就养成了吃辣椒的习惯。

# 第十章 回国执教

> 巨大的建筑，总是由一木一石叠起来的，我们何妨做做这
> 一木一石呢？我时常做些零碎事，就是为此。
>
> ——鲁迅

## （一）

宣统元年春，周树人兄弟合力编印了两册《域外小说集》。其实，周树人早就想向国人介绍国外的中短篇小说了，他甚至将其列入了《新生》计划。可惜的是，《新生》杂志没能办起来。多年后，周树人在《域外小说集》合订本的序言中以弟弟的名义写道：

> 我们在日本留学的时候，有一种茫漠的希望：以为文艺是可以转移性情，改造社会的。因为这意见，便自然而然的想到介绍外国新文学这一件事。但做这事业，一要学问，二要同志，三要工夫，四要资本，五要读者。第五样逆料不得，上四样在我们却几乎全无：于是又自然而然的只能小本经营，姑且尝试，这结果便是译印《域外小说集》。

《河南》和《民报》先后被封后，周树人便与弟弟周作人一起，开始翻译俄罗斯、波兰、英国、美国、法国等国家的短篇小说。翻译是翻译了，能不能如期出版，他们谁心中也没底。印书是要花钱的，而他们最缺的就是钱。

幸运的是，许寿裳和周树人的好朋友蒋抑卮在此时来到东京。周作人在《鲁迅的故家·蒋抑卮》一节中写道：

> 那时却来了不速之客，是许寿裳鲁迅的友人，主人们乃不得不挤到一大间里去，把小间让出来给客人住。来者是蒋抑卮夫妇二人，蒋君因耳朵里的病，来东京就医……蒋君家里开着绸缎庄，自己是办银行的，可是人很开通，对于文学很有理解，在商业界中是很难得的人。

在闲聊中，蒋抑卮得知周氏兄弟正在翻译外国的短篇小说，很愿意帮忙。周树人也不客气，当即笑道：

"蒋君是富家翁，我们就不客气了。"

蒋抑卮连连拱手道：

"说笑了，说笑了。"

在蒋抑卮的帮助下，《域外小说集》顺利出版了。两册共收集小说16篇，其中俄罗斯作家的小说七篇，波兰作家小说三篇，波斯尼亚作家小说两篇，英、美、法和芬兰作家小说各一篇。周树人翻译了安德烈耶夫的《谩》和《默》，以及迦尔洵的《四日》这三篇俄国作品。其余13篇小说皆由周作人翻译。

他们本来打算等前两册收回成本后，再印第三、第四册的。后来，周树人在回忆中说道："如此继续下去，积少成多，也可以约略介绍各国名家的著作了。"

可惜的是，前两册的销售状况并不理想。第一册共印了1000本，但只卖出21册，其中有一本还是许寿裳为了检验销售商的诚信度而买的；第二册印了500本，只卖了20册。这是东京的销售情况。蒋抑卮在上海的一家绸缎庄也帮助他们卖了一些，但数量也十分有限，大概也只有20册左右。如此一来，第三册、第四册的出版计划自然而然就夭折了。

《域外小说集》为何会受到这样的冷遇呢？一来，当时的知识分子普遍对文学不感兴趣；二来，中国的读者当时还没有阅读短篇小说的习惯。也就是说，《域外小说集》没有读者基础。

再则，周氏兄弟的《域外小说集》是用文言文翻译的。虽然他们的文言文功底很好，而且又通晓外语，翻译水准无可挑剔，但诘曲聱牙的文言文无疑还是影响了作品的可读性。

但不管怎么说，《域外小说集》的出版都不能不说是中国近代文学史上的里程碑事件。后来，胡适在《五十年来中国之文学》一文中就曾评论说：

> 周作人同他的哥哥也曾用古文来译小说。他们的古文工夫既是很高的，又都能直接了解西文，故他们译的《域外小说集》比林（纾）（近代著名的翻译家，以文言文翻译了大量西方文学作品）译的小说确是高的多。

## （二）

《域外小说集》的滞销对周树人打击很大。弃医从文以来，一路都走得十分艰难。先是《新生》计划破产，随后是《河南》杂志和《民报》被封，再就是《域外小说集》的滞销。重重打击令周树人对文艺救国这条路能否继续走下去产生了怀疑。

那段日子，周树人经常坐在公寓里，思索自己和祖国的未来。许寿裳已经在春天回国，担任浙江两级师范学堂的教务长去了。他这一走，就等于向周树人宣布，他要放弃文艺救国这条道路。那么自己该怎么办呢？继续坐在公寓里读书、学德语，还是继续翻译或写一些没有读者的文章？不行，日子不能再这样过下去了。

就在这时，周树人接到了母亲鲁瑞的家信。母亲在信中隐隐透露出，希望他能肩负起长子的责任，回国找份差事，养家糊口。当时，正在读书的周作人已经与日本姑娘羽太信子结婚，经济十分艰难。鲁瑞和朱安在绍兴的生活也不宽裕，急需接济。

周树人思前想后，最终果断决定结束求学生涯，回国工作。光绪三十五年（1909）七月，他登上了返乡的邮轮。事实上，周树人并不愿意为承担家庭的责任而返回故乡，因为他还没有实现自己的梦想。但迫于现实的压力，他又不得不回去。

许寿裳听说周树人回国了，便自告奋勇地为他介绍工作。当时，浙江两级师范学堂又称浙江官立两级师范学堂，是中国最早建立的六大著名高等师范学校之一（其他五所分别是武昌高等师范学校、北京高等师范学校、广东高等师范学校、成都高等师范学校和南京高等师范学校）。

浙江官立两级师范学堂设优级师范选科、初级师范简易科和体操专修科，其中优级选科培养中学堂和初级师范学堂师资，属于高等教育，选科分史地、数学、理化、博物四科，学制预科一年，本科两年。因学堂兼有优、初两级师范，所以定名为浙江官立两级师范学堂。

学堂设立之初，由著名的民主人士沈钧儒先生担任监督（即校长）。许寿裳找了个机会，大力向沈钧儒推荐周树人来学校任教。沈钧儒听说周树人精通德语、日语，对医学也略通一二，当即便答应下来。

就这样，周树人回国后顺利地进入了两级师范学堂，担任初级师范化学和高级师范生理卫生学的教学。由于当时有些日本教师在这所学堂里教课，所以他又兼任博物学（动物学和植物学）的翻译工作。

周树人的课讲得很生动，讲义也编写得也很出色，因此很受学生们的欢迎。尤为难得的是，他的观念很开放。

有一次，学生要他加讲生殖系统。在今天看来，讲授生殖系统方面的知识并不是什么难以启齿的事。但在20世纪初，别说在中国，就是在西方，讲授生殖系统也会被视为有伤风化的事情。

周树人见学生的热情很高，便坦然答应了。但他对学生们提出一个条件，就是在他讲的时候大家不许笑。他说：

"在这些时候，不许笑是个重要条件。因为讲的人的态度是严肃的，如果有人笑，严肃的空气就被破坏了。"

学生们都佩服他的卓见，不约而同地回答说：

"我们一定遵照先生的吩咐。"

据一些学生后来回忆，那堂课的气氛果然很严肃，学生们也都听得很认真。周树人还特意编写了一篇讲义。为防止校方刁难，讲义写得很简单，而且还故意用了许多隐语。例如，他用"也"字表示女性生殖系统，用"了"字表示男性生殖系统。如果不了解其中的含义，这篇讲义简直就是一部天书。

尽管如此，他的讲义还是受到了学生的热捧，其他班级的学生在下课后也纷纷来向他讨要讲义。周树人指着油印的讲义，对众人说：

"恐防你们看不懂的，要么，就拿去。"

在业余时间里，周树人还阅读大量的文学书籍，并对植物学产生了浓厚兴趣，经常带着学生们去采集植物标本，指导他们如何采集、记录、保存这些植物。

# （三）

　　周树人在浙江两级师范学堂任教的初期是很顺利的，生活过得也很平静，但随后发生的几件事却严重地打击了他对教育的热情。

　　由于两级师范学堂分为初级和高级两级，学生的年龄相差也比较悬殊，既有十五六岁的少年，也有二十七八岁的青年。

　　有一次，周树人给初级师范生上化学课，讲授硫酸的特点。他反复告诫学生，硫酸的腐蚀性强，若是皮肤上沾到一点，就会被烧伤。因此，他要求学生在做实验时一定要小心谨慎，千万不能让硫酸沾到自己或同窗的身上。

　　学生们不知道硫酸的厉害，嘴上答应了，心里却不服。做实验时，一个青年甚至用竹签蘸着强硫酸向另一个学生的后颈上滴，结果那名学生立即用手捂住后颈，痛得直叫。

　　周树人见状，立即用清水帮那名受伤的学生清洗后颈，又给他上了止痛药。那个闯祸的青年见硫酸果然如此厉害，不禁害怕起来。他主动来到周树人的面前，诚恳地说：

　　"先生，对不起，我错了。"

　　周树人望着眼前的青年，心里颇不是滋味。如果说闯祸的学生是个孩子，周树人还可以原谅他的过错。但眼前这个青年分明是一个成年人了。他严厉地批评了这个学生，并再次向众人重申道：

　　"硫酸是一种强腐蚀性物质，不可拿来开玩笑！否则，后果不堪设想！"

　　周树人本以为学生们会记住这次教训，但他错了。不久后，他又给学生们做氢气点燃的演示实验。当他把烧瓶中的氢气和实验仪器拿进教室时，才发现没带火柴。他知道课堂中不少学生喜欢抽烟，可能随身带有火柴，便问道：

"哪位同学有火柴？"

但那些抽烟的学生不愿在先生面前承认自己抽烟，因此纷纷摇头道：

"没有。"

周树人无奈，只好返回办公室去拿火柴。但他又担心学生乱动教学仪器，便嘱咐道：

"我回去取火柴，你们千万别去碰这个瓶子，瓶子一旦进了空气，再点火就会爆炸的！"

学生们异口同声地回答说：

"知道了。"

周树人这才放心地离开教室，出去拿火柴。然而等他拿着火柴回到教室，一点火，氢气瓶却"嘭"的一声炸开了……

周树人吓了一跳，迅速扫视了一遍教室。直到这时他才发现，原本坐在第一排和第二排的学生早已转移到安全的地方了。原来，他们已经动过了氢气瓶，早知道它要爆炸，但却没有告诉周树人。周树人非常气愤。很显然，学生们是在故意与自己作对！

这件事给周树人的震动很大。就在他为此而难过时，又发生了一件让他震怒的事。这年九月，两级师范学堂校长沈钧儒先生被选为浙江省谘议局副议长，夏震武继任校长。夏震武是个欺世盗名的官僚，不但不懂教育，而且十分狂妄。

上任的前一天，夏震武给教务长许寿裳写了一封信。他在信上说，他明天到校接任，大家应齐集礼堂，听候率领拜孔夫子。

两级师范学堂的教师大多是从日本返国的留学生，短衣无辫，对拜孔夫子这样的繁文缛节大多不以为然。因此他们见了这封信后，都嗤之以鼻。

嘲笑归嘲笑，众人并未因此而怠慢新校长。第二天一大早，众人便来到礼堂等候新校长的大驾。不一会儿，夏震武便戴着红缨帽白石头顶子，穿着袍儿、套儿、靴儿，姗姗而来。他见众人衣冠不整，短发蓬松，又没有为他设孔夫子牌位，顿时勃然大怒。

夏震武坐在正中的一张椅子上，高声对教务长许寿裳说：

"你们这个师范学堂办得很不好。"

教师们听到这话，都很生气。他们没等许寿裳答话，就七嘴八舌地反问道：

"我们什么地方办得不好？你说！你说！"

有人甚至还忍不住骂道：

"你这个假孝子，假道学，老顽固，怎么配来做我们的校长？"

教师们为什么要骂夏震武"假孝子"呢？原来，他在为母守孝期间竟然和小妾生下了一个儿子。按封建习俗，三年守孝期间不能张灯结彩，不能着艳服，不能亲近女色……夏震武在为母守孝期间竟然与小妾生了个儿子，这不就是假孝子吗？

众人这么一闹，夏震武有点招架不住了。他想脱身而逃，但早有人挡住了大门。众人七嘴八舌责问道：

"我们什么地方办得不好？你说出来！"

夏震武初来乍到，根本不了解学校的情况，就是想挑刺也挑不出来。众人见他不说话，遂提高声音道：

"我们办得不好，让你一个人来办罢！"

夏震武无言以为，在一群仆从的拥护下夺门而去。教师们都留在礼堂，商议着对付新校长的办法。

不一会儿，夏震武就派人给许寿裳送来一封信。他在信中大言不惭地说：

"你不能一天立于教育之上。"

很显然，夏震武想开除许寿裳，杀鸡儆猴，使大家都向他屈服。但他没想到的是，他的做法激起了更多教师的不满。他们当即决定：大

家都搬出学校去，即日罢教。

　　教师们走了，夏震武傻了眼，短时间内他到哪里去找这么多人来代课呢？这件事也惊动了时任浙江提学使的袁嘉谷。他来到学校，劝夏震武辞职。夏震武不肯，决绝地说：

　　"兄弟一定要坚持到底！"

　　就这样，浙江两级师范学堂停了半个多月的课，致使全省震动。袁嘉谷看不下去了，强行罢免了夏震武，并派杭州人孙智敏来代校长。孙智敏比较开明，他亲自来到教师们落脚的湖州会馆，请众人返校。

　　教师们最终为自己赢得了胜利。这场风波的影响力虽然不大，但却是一场新对旧的斗争的胜利，也是知识分子对官方斗争的胜利。这在封建社会是不多见的。

# 第十一章　彷徨蛰居

　　人生最苦痛的是梦醒了无路可走。做梦的人是幸福的；倘
没有看出可以走的路，最要紧的是不要去惊醒他。

——鲁迅

## （一）

　　周树人在两级师范学堂待了一年就辞职了。宣统二年（1910）秋，周树人应绍兴府中学堂校长杜海生的邀请，去教生物学兼任监学。他这次辞职的原因，主要是对两级师范学堂的校风感到不满。

　　杭州的风气如此，绍兴又怎么会好呢？在绍兴府中学堂教了不到半年，周树人便想再次辞职。但因一时还未找到新的工作，他只好又勉强教了一学期。到第二年夏天，他无论如何也不想再干了。

　　辞职后，周树人曾向上海的一家书店（当时的书店大多兼营出版）申请当编辑。他还特意翻译了一些德语作品去应考，但并没有改变被拒的结局。他又托朋友在其他地方找工作，但也都不了了之了。

　　这样的情形让周树人有些着急了。在给好友许寿裳的信中，他抱怨道：

　　　　仆荒落殆尽，手不能书，惟搜采植物，不殊向日，又翻类书，
　　荟集古逸书数种，此非求学，以代醇酒妇人也……

周树人陷入困境不久，辛亥革命就爆发了。宣统三年（1911）初夏，清政府公布内阁改组名单，其中满族贵族9名（其中7名是皇族），汉族大臣仅有4名，甚至连一直支持君主立宪的维新派都大为震惊，称之为"皇族内阁"。至此，一部分头脑清醒的维新派人士终于看清了清政府企图维护其封建独裁统治的真面目，纷纷加入革命党。

在社会矛盾日益尖锐之际，清廷为获得列强的支持，竟然宣布将已归民间所有的川汉、粤汉铁路筑路权收归"国有"，并将之出卖给英、法、德、美四国银行团。湘、鄂、粤、川等省百姓闻之，无不义愤填膺，遂立即掀起了轰轰烈烈的保路运动，其中以四川省的斗争最为激烈。

清政府不顾民情激愤，竟然下令武装镇压。初秋，四川总督赵尔丰下令逮捕了四川保路同志会的领导人罗纶、蒲殿俊等，并枪杀了数百名请愿群众。第二天，他又下令解散各处保路同志会。各地百姓被清政府的恶劣行为激怒了，纷纷出动，破坏清廷设立的电线，并沿途设卡，断绝官府来往文书。

1911年9月25日，"延安五老"之一的吴玉章、同盟会成员王天杰、龙鸣剑等人，在容县发动了起义，宣布荣县独立。荣县成为全国第一个脱离清王朝的政权，从而将保路运动推向高潮，成为武昌起义的先声。

清廷上下一片惶恐，急忙派大臣端方调遣湖北新军入川镇压。如此一来，清军在湖北的防御力量大为减弱，为武昌起义的成功创造了有利条件。早在9月14日，进步组织文学社和共进会就在同盟会的推动下，建立了统一的起义领导机关，联合反清。9月24日，文学社和共进会召开联席会议，决定于10月6日发动起义。各标营党人代表均参加，通过"人事草案"和"起义计划"，任命军事总指挥为蒋翊武，参谋长为孙武，总理为刘公。

同日，南湖炮队革命党人组织暴动未果，清廷湖北当局立即下令收缴新军部队子弹，同时增强市面军警力量，盘查甚严。

9月28日，湖南革命党人焦达峰函告武昌起义指挥部。10月6日，起义湖南准备未足，请延期10天。再加上同盟会的重要领导人黄兴、宋教仁等未能赶到武汉，起义指挥部决定于10月16日在湘、鄂两省同时发难。

10月9日，孙武等人在汉口俄租界配制炸弹时不慎引起爆炸。俄国巡捕闻声而至，搜去了革命党人的名册、起义文告、旗帜等，秘密泄露。刘同等6名革命党人不幸被捕，随即被引渡到湖北当局。

湖广总督瑞澂下令关闭四城，四处搜捕革命党人。情急之下，革命党决定立即于10月9日晚12时发动起义。不幸的是，由于武昌城内戒备森严，各标营的革命党人无法取得联络，起义计划被再一次延后。

# （二）

湖北新军中的革命党人最终只得放弃既定计划，自行联络，准备于10月10日晚发动起义，并约定以枪声为号。

当晚，新军工程第八营的革命党人打响了武昌起义的第一枪，夺取了位于中和门附近的楚望台军械所，缴获步枪数万支，火炮数十门，子弹数十万发，为起义的胜利奠定了基础。

驻守武昌城外的新军辎重队、炮兵营、工程队的革命党人听到枪声，立即举火为号，开始向楚望台进发。武昌城内各标营的革命党人也纷纷赶往楚望台，参加暴动。一时间，起义人数多达3000余人。当晚，革命党人便控制了武昌。

汉阳、汉口的革命党人闻风而动，分别于10月11日夜、10月12日光复了汉阳和汉口。起义军掌控武汉三镇后，湖北军政府成立，黎元洪被推举为都督，改国号为中华民国，并号召各省民众起义响应。

在武昌起义胜利后的短短两个月内，湖南、广东等15个省便纷纷宣布独立，脱离了清政府的管辖。由于这一年是辛亥年，史称辛亥革命。

　　浙江省是响应武昌起义较早的省份。革命党人王金发带着军队，乘坐一队大木船抵达绍兴，当上了绍兴军政府的都督。绍兴光复了，共和代替了专制，这不正是周树人多年为之奋斗的目标吗？更让他兴奋的是，王金发到绍兴不久，便委任他为绍兴师范学堂的校长。他隐隐感到，一个新的时代已经开始了。

　　周树人如同换了个人一样，前段时间的消沉气象一扫而光，全身心地投入到了师范学堂的建设和教学中。他很关心学生的生活和学习，查寝、诊病、代教员批改作业、向王金发索讨经费，几乎到了事必躬亲的地步。他还支持几个学生创办了一份《越锋日报》，替他们拟发刊辞，辟杂文栏，换着笔名写短文，针砭绍兴的时弊，甚至抨击军政府。从这些琐事中可以看出，周树人对新政府充满了期待。

　　然而，他很快就发现，与清政府相比，绍兴军政府除换了几个当官的之外，并没有多大的改变。王金发很快就与以往的旧官僚打成一片，耍起了都督的威风，甚至连他手下那些穿着布衣进城的士兵也纷纷换上皮袍子，过起了花天酒地的生活。

　　在这种环境下，想要办好教育几乎等同于痴人说梦。周树人这个名义上的校长不但处处受排挤，就连学生都经常与他作对。

　　首先是经费的问题。王金发答应按月给师范学堂发放教育经费，但每到发放经费的日子，周树人都要一催再催，好不容易才能拿到打了折扣的经费。还有几次，王金发被逼急了，竟然直接说没有。

　　周树人非常气愤。他曾私下里对母亲抱怨说：

　　"绍兴地方不好住！在绍兴非要走衙门、捧官场不可。这种事我都搞不来！"

　　王金发真的没钱吗？当然不是，他有的是钱，但就是不想将这些钱财浪费在对他的独裁统治没有帮助的事情上。由于《越锋日报》经常发表抨击军政府的文章，王金发有点招架不住，但他又不敢贸然封杀。

　　于是，这个卑鄙小人竟然暗中派人给《越锋日报》送去了500块大洋，收买办报的年轻人。更让人气愤的是，那些日日宣传革命的年轻人竟然毫不犹豫地收下了。

周树人听说这件事后，曾亲自跑去劝阻。没想到，那些年轻人竟然装出一副什么事也没发生的样子，在他面前高谈大谈民族大义与君子风范。

周树人隐隐感到，绍兴是个是非之地，不宜久留。他的判断没错，不到一个月，《越锋日报》就被王金发的士兵捣毁了。如此一来，周树人对他可爱而又丑陋的故乡再也不抱什么希望了。

## （三）

就在周树人再度陷入彷徨之际，南京临时政府教育总长蔡元培先生给他来了一封信，邀请他前去担任部员。这多半是他的好友许寿裳大力推荐的结果。对周树人来说，这不啻是个离开绍兴的大好机会。1912年2月，周树人抵达南京，开始在教育部任职。

3个月后，原清廷大臣袁世凯窃取了革命果实，中央政府北迁北京，教育部亦在迁移之列。5月底，周树人前往北京，就任北京政府教育部的佥事兼社会司第一科科长。也就是从这个时候起，他住入了宣武门外的绍兴会馆。

周树人原本以为，到北京任职会是他人生的一个新起点。但他很快发现，北京的官场也不像他想象中的那么简单。封建官僚出身的袁世凯登上中华民国总统的宝座后，一心想要恢复帝制，过过当皇帝的瘾。在他的指使下，许多旧官僚混进了新政府，并大力排挤革命党人。不久，教育部总长蔡元培被迫辞职，教育部也逐步沦为旧官僚复辟的堡垒。

周树人是随蔡元培先生北上的官员，自然被新任教育部总长视为南方派革命党人。于是，新任教育部总长千方百计地挑起事端，想将周树人等所谓的南方派赶出教育部。一些南方派官员为防止旧官僚迫害，纷纷学起古人，或嫖或赌，或沉迷古玩、书画，表现出一副沉湎于某种嗜好、无心"争权夺利"的样子来。

周树人没有这些嗜好，而且经济情况也不允许他这样做。权衡之下，他只好选择一种较为省钱的方式，将抄古碑作为自己的"嗜好"。

每天上午九十点钟，他从床上爬起来，简单梳洗后就去教育部办公，到黄昏返回会馆。吃过晚饭，他就开始整理拓本，看佛经，读墓志，常常要到半夜一两点钟。旧官僚集团得知周树人迷上抄古碑后，便渐渐放松了警惕。

在北京的日子里，周树人过得了无生趣，直到1915年夏，他才看到一线微弱的曙光。这年夏天，陈独秀在上海创办的《新青年》问世了。作为一名进步知识分子，陈独秀已经清醒地意识到，单纯的政治和军事斗争根本无法解救中国，最重要的任务是开启民智。于是，他创办了《新青年》这份革命刊物，企图用新思想、新文化来唤醒年轻人的民主和科学意识。

《新青年》的问世，很快就得到了一大批进步知识分子的支持。胡适、李大钊、高一涵、钱玄同等人先后参加了编辑部。1917年夏，时任北京大学校长的蔡元培先生邀请陈独秀和胡适等人出任北大教授。当时，他正在北京大学实施改革，企图将这所官气极重的京师最高学府改造成新思想的大本营。

陈独秀、胡适等人十分爽快地接受了邀请。于是，《新青年》编辑部也随之迁往北京。到1918年前后，《新青年》和北京大学文科发起的新文化运动已经高潮迭起，每一个敏感的读书人都可以感受到了它的存在了。

身在北京，且又在教育部任职的周树人不可能不知道这场来势猛烈的社会运动。开始时，新文化运动并没有引起他太多的注意。从戊戌维新开始，他已经经历过太多的运动了，但它们都没能改变中国的命运。因此他认为，新文化运动也不会对社会改革产生什么帮助。

# 第十二章 《狂人日记》

空谈之类，是谈不久，也谈不出什么来的，它终必被事实的镜子照出原形。

——鲁迅

## （一）

1918年春，新文化运动的声浪一浪高过一浪，周树人对《新青年》的态度也发生了微妙的变化。为此，他特意买来几期翻了翻。就在这时，《新青年》的编辑钱玄同来到绍兴会馆，向周树人约稿。

钱玄同也是从日本回国的留学生，曾与周树人一起向章太炎先生学习《说文解字》。在周树人情绪消沉的日子里，钱玄同经常到绍兴会馆开导他。后来，周树人回忆说：

"那时，偶或来谈的是一个老朋友金心异（钱玄同的别名），将手提的大皮夹放在破桌上，脱下长衫，对面坐下了，因为怕狗，似乎心房还在怦怦地跳动。"

有一天夜里，钱玄同翻着周树人古碑的抄本，突然问道：

"你抄了这些有什么用？"

周树人叹了口气，怅然道：

"没有什么用。"

钱玄同又问道：

"那么你抄它是什么意思呢？"

周树人沉默了半晌，回答说：

"没有什么意思。"

钱玄同趁机说道：

"我想，你可以做点文章。"

周树人立即会意，钱玄同想要他为《新青年》撰稿。他沉思半晌，缓缓说道：

"假如一间铁屋子，是绝无窗户而万难破毁的，里面有许多熟睡的人们，不久都要闷死了，然而是昏睡入死灭，并不感到就死的悲哀。现在你大嚷起来，惊起了较为清醒的几个人，使这不幸的少数者来受无可挽救的临终的苦楚，你倒以为对得住他们么？"

钱玄同笑道：

"然而几个人既然起来，你不能说绝没有毁坏这铁屋的希望。"

钱玄同的这句话提醒了周树人。后来，他在《〈呐喊〉自序》中写道：

> 我虽然自有我的确信，然而说到希望，却是不能抹杀的，因为希望是在于将来，决不能以我之必无的证明，来折服了他之所谓可有；于是我终于答应他也做文章了……

说来可笑的是，《新青年》虽然极力反对封建制度，大力鼓吹革命文学，但其中的不少文章却仍然是用文言文写的。据周作人回忆，周树人对文学革命（用白话文代替文言文的运动）并没有什么兴趣，他早期的文章大多都是用文言文写的。不过，他对思想革命却看得极重。于是，周树人便写了他公开发表的第一篇白话小说——《狂人日记》。

1918年5月，《新青年》刊登了周树人的《狂人日记》。小说篇首的文言附记写道：

某君昆仲，今隐其名，皆余昔日在中学校时良友；分隔多年，消息渐阙。日前偶闻其一大病；适归故乡，迂道往访，则仅晤一人，言病者其弟也。劳君远道来视，然已早愈，赴某地候补矣。因大笑，出示日记二册，谓可见当日病状，不妨献诸旧友。持归阅一过，知所患盖'迫害狂'之类。语颇错杂无伦次，又多荒唐之言；亦不著月日，惟墨色字体不一，知非一时所书。间亦有略具联络者，今撮录一篇，以供医家研究。记中语误，一字不易；惟人名虽皆村人，不为世间所知，无关大体，然亦悉易去。至于书名，则本人愈后所题，不复改也。

这段话的意思是说，作者朋友的一个弟弟患了"迫害狂"的病症，病中写了两册日记。作者看过之后，"撮录一篇，以供医家研究"，说明写日记的本人是什么人。这当然是一种烟幕，只不过是为了掩人耳目罢了。

据周作人回忆，"狂人"的原型并不是周树人所谓的"余昔日在中学校时良友"，病愈后也不曾"赴某地候补"，只是安住在家里罢了。这个人是周氏兄弟的一个表兄弟。他原先在西北游幕（即给官员当幕僚），后来突然说同事要谋害他，便急忙逃到北京去躲避了。

然而，逃离并没有增加他的安全感。他一再告诉周氏兄弟，那些人正在追踪他。有一次，他住在西河路客栈里，听见楼上的客人在夜里发出的声音，竟以为有人埋伏在那里要抓自己，赶紧要求换房间。客栈老板给他换了房间，但他一走进房间，听到隔壁有响动，就又逃了出去。他一路逃，一路说：

"原来那里也有他们的人，他们已经布置好了一切，我再也逃不了了！"

第二天一大早，这位表兄弟就来到绍兴会馆，鬼鬼祟祟地敲窗门。

周树人看到他，便问道：

"今天怎么这么早？"

那人凄然说道：

"今天要去杀了（指被杀头），怎么能不早起来？"

周树人知道他病了，便带着他去看医生。在路上，他看到有背枪站岗的巡警，突然大惊失色，眼神阴森森的，非常可怕。

后来，周树人托人将其护送回绍兴，他的病也就渐渐好转。这位表兄弟，便成为周树人《狂人日记》中"狂人"的原型之一。

# （二）

对周树人来说，《狂人日记》的问世完全是水到渠成的事。一方面，有那位患了"迫害狂"病症的表兄弟为原型；另一方面，他不间断地阅读各国的优秀文学作品，已经有了足够的知识积累。

在周树人的《狂人日记》发表之前，俄国作家果戈里也写过一篇同名作品，而且获得了各国读者的好评。果戈里自己犯过精神病，对"狂人"所表现出来的种种症状十分熟悉。在小说中，果戈理成功地塑造了一个被社会迫害发疯的小公务员形象。

周树人很喜欢果戈理的这篇小说，在表现手法上也借鉴了果戈理的成功经验。不过，就思想内容的深度而言，周树人的《狂人日记》要远远超过果戈理的作品。

在发表《狂人日记》时，周树人第一次使用了"鲁迅"这个笔名。正如他的许寿裳氏所说的那样，周树人开始用"鲁迅"的笔名，在《新青年》上写小说，这是鲁迅生活的一个大发展，也是中国文学史上应该大书特书的一章。

周树人一生用过用过许多笔名，如神飞、唐俟、某生者、雪之、风声、自树、索士、令飞、迅行等。据鲁迅自己回忆，"鲁迅"这个笔名"就是承迅行而来的，因为那时的《新青年》编辑者不愿意有别号一般的署名"。

而他为什么要用"鲁迅"这个笔名呢？据许寿裳《亡友鲁迅印象记》中记载，鲁迅曾当面对他说过：

"因为《新青年》编辑者不愿意有别号一般的署名，我从前用过'迅行'的别号是你所知道的，所以临时命名如此，理由是：（一）母亲姓鲁，（二）周鲁是同姓之国，（三）取愚鲁而迅速之意。"

《狂人日记》的主题十分明确，就是"意在暴露家族制度和礼教的弊害"。鲁迅曾在1918年8月20日致许寿裳的信中说道：

《狂人日记》实为拙作……以此读史，有多种问题可以迎刃而解。后以偶阅《通鉴》，乃知中国人尚是食人民族，因此成篇。

在小说中，鲁迅通过对一个"狂人"的描写，把中国封建社会里的家族制度和礼教的毒害赤裸裸地揭露出来。他借"狂人"的嘴大声斥责：在这历史上，歪歪斜斜的每页上都写着"仁义道德"几个字，但从字缝里却可以看出来，满本都写着的两个字却是——"吃人"。

这篇小说给读者展开了一幅图画：在封建等级制度的社会里，人与人之间的关系，就是血淋淋的"吃人"的关系，不是什么表面上说得好听的"仁义道德"。而这个"吃人"的关系，到处都普遍地存在着，不但在社会上普遍存在着，在家庭中也存在着。他们吃了人，却能从旧的礼教制度中找出堂皇的理由："易子而食"，"食肉寝皮"。那是古已有之的惯例，不能算作一种罪恶，甚至认为那是一件平平常常的、理所当然的事。

吃人的人虽然这样想，但也知道吃人是丑陋的、罪恶的，因此从来不敢明目张胆地去吃，不敢直接下手，总是鬼崇崇地想法子来遮掩他们的丑行。于是，他们便联合起来，布下天罗地网，逼着被吃者自杀。如此一来，他们既不用承担杀人的罪名，又达到了吃人的目的。处于吃人的人中间，他们自己也不安全，也需彼此戒备，以防被人吃掉。但无论如何，他们都不肯去掉这吃人的心思。

"吃人"的社会已经存在几千年了，但直到鲁迅的《狂人日记》问世，人们才第一次通过文字的勾勒看清它的本质。鲁迅甚至借着"狂人"的嘴责问道：

"吃人的事，对么？"

而那些维护封建制度的伪君子却遮遮掩掩地回答说：

"这等事问他什么……"

"狂人"继续追问：

"不对？为何要吃？"

"吃人"的伪君子抵赖道：

"没有的事……"

"狂人"仍然不依不饶地问：

"没有的事？狼子村现在还吃；还有书上都写着，通红崭新！？"

理屈词穷的伪君子无法抵赖了，只好回答说：

"也许有的，这是从来如此……"

"狂人"忍不住问道：

"从来如此，便对么？"

"狂人"一连串的追问就像是一把把匕首，狠狠地插向那万恶的封建制度。这是鲁迅回国后发出的第一声呐喊，其中也自然而然地融入了他多年来的愤怒、怨恨、不满、焦虑，以及希望、祈求等各种复杂的情绪，也必然体现了他多年来对中国历史的深思和对现实社会的认识。因此，《狂人日记》是一篇彻底的反封建"宣言"，也是鲁迅此后全部创作的"总序言"。

# （三）

　　《狂人日记》的发表在社会上并没有引起什么轰动，这一切早在鲁迅的意料之中。不过，毁坏一间"铁屋子"并不是一两声呐喊能够办到的，这需要持久不断的战斗。1918年冬季，鲁迅又创作了他的第二篇白话小说《孔乙己》。1919年4月，《孔乙己》在《新青年》第六卷第四号上发表了。

　　《孔乙己》塑造了一个深受封建制度蛊害的读书人形象。孔乙己读了一辈子书，到头来连一个秀才也没有捞着，却整天摆出一副读书人的架子。然而，他身边的人却不把他当读书人看待。他完全成了鲁镇咸亨酒店里任人嘲弄的对象。

　　和《狂人日记》中的"狂人"一样，"孔乙己"也有原型人物。"孔乙己"的原型是谁呢？据鲁迅的学生兼友人孙伏园在《鲁迅先生二三事》中所载，孔乙己的原型是一个姓孟的读书人。他经常在咸亨酒店喝酒，人称"孟夫子"。

　　由于大家都叫他孟夫子，时间一长，倒把他的本名忘记了。孟夫子读过书，但到死也没有考取秀才。他整天端着一副读书人的架子，又不会营生，以致穷得讨饭。有时候，他也替有钱人抄抄书，赚几餐饭钱。

　　孟夫子很贪杯，酒瘾一犯就什么都顾不上了。据说，他曾把东家交给他抄书用的纸笔卖掉，还混进书房偷过东西。被人抓住的时候，他却狡辩说：

　　"窃书不能算偷……窃书！……读书人的事，能算偷么？"

　　有一次，孟夫子偷东西时被东家抓到了，终于被打断了腿。不过，他依然常到咸亨酒店喝酒。所不同的是，他不能走着来了，只能用蒲包垫在地上，两手撑地往前挪。

　　孔乙己的另一个原型是鲁迅的本家，名叫"四七"。此人喜欢喝酒、抽鸦片，但能写得一手好字。他经常穿着破旧肮脏的竹布长衫，头上歪着一顶戴瓜皮帽，到处游荡。他好骂人，却经常被人打。

相传，绍兴城内还有个读书人，绰号叫"亦然先生"。他读了一辈子书，到头来却一贫如洗，只能靠卖烧饼、油条度日。但他不肯脱下象征读书人的长衫，又不愿意大声叫卖，只好跟随别的卖大饼油条的小贩后面。小贩们吆喝一次，他跟在后面低低地叫一声"亦然"。

街上的孩子见他身穿长衫，手提货篮，叫着使人不懂的话，便围哄笑起来，异口同声叫他"亦然先生"。从此，"亦然先生"就扬名绍兴了。

"亦然先生"卖完大饼油条，就缓缓踱到咸亨酒店，掏出几枚铜钱，要一碗酒，一碟茴香豆，一边慢吞吞地喝着酒，一边津津有味地嚼着茴香豆。

"亦然先生"脾气虽然古怪，但对孩子们却很慈祥。咸亨酒店附近的孩子都跟他混熟了，一见他喝酒，就纷纷赶来讨茴香豆吃，他就分给每人一颗豆，直到碟子里的茴香豆所剩寥寥无几，才用手盖住碟子，嘀咕道：

"不多不多！多乎哉？不多也……"

鲁迅将孟夫子、周四七、亦然先生几个人的形象揉合在一起，成功塑造了一个旧时代没落知识分子的典型——孔乙己。有一次，孔乙己在丁举人的家里偷书被抓住了，被逼着写服辩，又被捆打了大半夜，直到打断了腿。

孔乙己只好盘着被打折的腿，下面垫一个薄团，用草绳挂在肩上，用手行走。他"走"到咸亨酒店来喝酒，立即遭到一帮"短衫"的奚落和嘲笑。"短衫"特指体力劳动者。他们为了干活方面，通常穿短衫，与穿长衫的读书人形成了鲜明对比。

掌柜的取笑道：

"孔乙己，你又偷东西了！"

孔乙己凄然道：

"不要取笑。"

掌柜的笑道：

"取笑？要是不偷，怎么会打断腿？"

孔乙己眼色很凄厉，像是在哀求掌柜不要再提，磕磕巴巴地说道：

"跌断，跌，跌……"

这是孔乙己最后一次在咸亨酒店出现。此后，他再也没有来过，也没有人再提起他，直到第二年的端午节，掌柜的想起他还欠19个钱的酒债，才不经意间说了句：

"孔乙己还欠19个钱呢！"

在小说的结尾，作者意味深长地写道：

"大约孔乙己的确死了。"

鲁迅对孔乙己给予了深深的同情，同时又采取了批判态度。在同情和批判背后，他无情地鞭挞了罪恶的科举制度及孕育这种制度的旧时代。

# 第十三章　大学讲师

血沃中原肥劲草，寒凝大地发春华。

——鲁迅

## （一）

　　《狂人日记》《孔乙己》等小说的发表为鲁迅赢得了广泛的社会声誉，也激发了他的创作热情。1919年4月，鲁迅又创作了一篇名为《药》的短篇小说。与《狂人日记》和《孔乙己》不同的是，这篇小说的主题不是对封建制度的抨击，而是对辛亥革命的反思。

　　作为爱国主义志士，鲁迅和辛亥革命有着天然的联系。在东京时，他就与章太炎、陶成章、秋瑾等革命派人士来往甚密。辛亥革命爆发后，他又怀着兴奋的心情，在绍兴主持召开庆祝大会，迎候王金发革命军的到来。在小说中，他也赞颂了革命者夏瑜坚定勇敢的革命精神。

　　不过，鲁迅也深深地意识到，辛亥革命在事实上已经失败了。由于资产阶级革命自身的局限，以及封建势力与帝国主义相勾结，辛亥革命只不过赶跑了一个皇帝，并没有改变中国的社会性质。革命党人王金发的迅速堕落就说明了一切。当时的鲁迅还不可能看到中国革命未来的出路，所以他很彷徨，并在彷徨中度过了一段沉默的岁月。

　　1917年，俄国十月社会主义革命的胜利使鲁迅看到了"新世纪的曙光"，同时也受到了极大的鼓舞。他隐约地意识到，中国唯有效仿俄国才有出路。于是，他从沉默中振奋起来，积极投身到新文化运动当中。这也是他答应钱玄同的邀请，为《新青年》撰稿的重要原因之一。

在小说《药》中，鲁迅着重批判了革命党人夏瑜严重脱离群众的缺点。夏瑜为革命献出了自己的生命，但群众并不理解他，反而受迷信的愚弄，把他的血当作医治肺痨的灵药。这是多么发人深思的时代悲剧啊！

1919年8月，鲁迅在北京西直门内公用库八道湾买了一所房子，结束了会馆生活。不久，他就返回故乡把母亲、朱安及周作人夫妇接到北京，共同生活。

这次返乡对鲁迅的震动很大，因为他看到了凋敝的故乡、凋敝的中国乡村以及"闰土"等生活在社会最底层的中国农民悲惨而又愚昧的生活。后来，他把自己这次返乡看到和想到的，都写入小说《故乡》中。

把家人接到北京后，鲁迅一边在教育部任职，一边继续他的文学创作。1919年10月，他写成了短篇小说《明天》。

《明天》和《药》在艺术风格上有些相似，但鲁迅并没有把那种悲惨渲染得十分厉害，也没有过分去描写单四嫂子失去儿子的悲哀，却用更多的笔墨"将旧社会的病根暴露出来，催人留心，设法加以疗治"。

1920年，鲁迅的另一篇短篇小说《一件小事》也面世了。《一件小事》的主题和艺术手法与《药》《明天》等截然不同。从艺术风格和形式上来看，《一件小事》与俄国著名作家契诃夫的短篇小说颇有些相似之处。但从内容和主题上来看，《一件小事》所表现出来的那种对劳动人民的深切同情则更为明确。

在小说中，鲁迅用第一人称的写法，表达了"我"对上流社会、对知识分子，以及对劳动人民的各不相同的态度。小说中的"我"当然不能看作是鲁迅自己，但不可否认的是，其中也有他的影子。他之所以选用第一人称的写法，显然是为了直接表达自己的感情和态度。

　　"我"对上流社会的虚伪和腐朽是蔑视的。当时的"耳闻目睹所谓国家大事"，这一切"只是增长了我的坏脾气，——老实说，便是教我一天比一天的看不起人"。但是，"一件小事却于我有意义，将我从坏脾气里拖开，使我不能忘怀"——那就是这篇小说里所描写的关于人力车夫的事迹。

　　在小说中，作者把这位人力车夫搀扶跌倒的老妇去到警察分驻所的正直行为，和不相信劳动者、轻视劳动者的知识分子的观望与怀疑对比之后，写道：

　　　　我这时突然感到一种异样的感觉，觉得他满身灰尘的身影刹时高大了，而且愈走愈大，需仰视才见。而且他对于我，渐渐地又几乎变成一种威压，甚而至于要榨出皮袍下面藏着的"小"来。

　　在小说的结尾，鲁迅怀着一种虔诚的敬意，写道：

　　　　这事到了现在，还是时时记起。我因此也时时熬苦痛，努力的要想到我自己。几年来的文治武功，在我早如幼小时候所读过的"子曰诗云"一般，背不上半句了。独有这一件小事，却总是浮在我眼前，有时反更分明，教我渐愧，催我自新，并且增长我的勇气和希望。

# （二）

　　《狂人日记》《孔乙己》《药》等一系列小说的发表，为鲁迅赢得了广泛的社会声誉，同时也引起了学界的注意。1920年秋，鲁迅应北大校长蔡元培先生的邀请，兼任北大讲师，讲授《中国小说史》。

　　鲁迅与北京大学的渊源颇深。1916年12月，蔡元培先生出任北京大学校长。北京大学虽然是中国设立最早的大学，但蔡元培出任校长之前，该校并没有校徽。蔡元培深以为憾，上任的第二年便出面邀请鲁迅为北大设计校徽。

　　此时，鲁迅为躲避旧官僚的迫害，除在教育部上班外，大部分时间都躲在绍兴会馆的补树书屋抄古碑。半隐居的鲁迅常常感到孤独和愁闷，他说当时的自己，"见过辛亥革命，见过二次革命，见过袁世凯称帝、张勋复辟，看来看去，就看得怀疑起来。于是失望，颓唐得很了"。

　　颓唐归颓唐，但他心中向往民主、科学的火焰从未熄灭。接到蔡元培的委托后，鲁迅立即着手设计北大校徽。

　　鲁迅设计的北大校徽造型是中国传统的瓦当形象，简洁的轮廓给人现代的感觉。"北大"两个篆字上下排列，上部的"北"字是背对背侧立的两个人像，下部的"大"字是一个正面站立的人像，有如一人背负二人，构成了"三人成众"的意象，给人以"北大人肩负着开启民智的重任"的想象。

　　徽章用中国印章的格式构图，笔锋圆润，笔画安排均匀合理，排列整齐统一，线条流畅规整，整个造型结构紧凑、明快有力、蕴涵丰富、简洁大气，透出浓厚的书卷气和文人风格。同时，"北大"二字还有"脊梁"的象征意义。

　　这个校徽设计新颖，寓意深刻。鲁迅设计的北大校徽一直用到1949年，后因历史原因而弃用。20世纪80年代，北大宣布重新启用鲁迅先生设计的校徽。2007年6月，北京大学发布《视觉形象识别系统管理手册》，正式推出修改后的北大校徽标识，这一标识正是在鲁迅设计的校徽图案基础上丰富和发展而来。

　　1920年，陈独秀、胡适等皆已成为北大教授，鲁迅为何只能出任讲师呢？原来，蔡元培在主持北大改革时曾定下规矩：在北大兼职者一律不准授予教授之职。鲁迅当时还在教育部任职，在北大的职务只是兼职，所以只能任讲师，不能任教授。

就这样，鲁迅不但用文字宣传新思想、新文化，他自己也走到青年学生中来了。每周二上午，他都会准时出现在北京大学沙滩红楼的课堂上，给学生们上课。

和胡适、陈独秀等人一样，鲁迅颇受青年学生的欢迎。每逢鲁迅的课程，教室里和教室外都挤满了学生，这里包括校内的和校外的、正式的和旁听的。他讲《中国小说史》，虽然事前印发了讲义，但却不是简单地照念，而是按着讲义论点加以发挥。

他经常穿着一件黑色的旧布长袍，不常修理的头发下面露出方正的前额，两条粗浓的眉毛平躺在高出的眉棱骨上，眼窝微向下陷，眼角也微向下垂，浓密的短须掩着他的上唇，这一切都令人看不出有什么奇特的地方。

他说的是带有绍兴方言音色的普通话，声音安详有力，手势、表情也都是那么平静，可是，教室里却不时爆发出笑声。他把那蒙着历史灰尘的古代人物通过每一件具体事实展示给听者，他不单是讲解《中国小说史》，而且是在解剖中国的社会和历史。

讲授完《中国小说史》后，鲁迅又讲了一个时期的文学理论。在北京大学讲课的日子里，鲁迅和青年们建立了深厚的友谊。

# （三）

到北大任教后，鲁迅的工作逐渐繁忙起来，但他并没有停止文学创作。1920年10月，鲁迅又写了两个短篇：《头发的故事》和《风波》。

《头发的故事》的主题中心思想是在反映辛亥革命的失败。作者通过小说中那位N先生的意见，评价了辛亥革命，同时也讽刺了当时北洋军阀统治下的一些不合理的社会现象。

　　鲁迅将《风波》的背景设置在1917年。这一年爆发了张勋复辟的闹剧。作者借张勋复辟这件事在当时农村中所引起的风波，揭露了黑暗反动势力蠢蠢欲动的姿态。这是一篇在艺术形式上非常完整的短篇小说，作者用简洁、明快的手法，不但描绘出农村的自然景色，也刻画出了淳朴农民的性格：善良、忠厚，使人们发生了无限的同情。但是，他们还没有觉醒起来，暂时仍处在黑暗反动势力欺凌和压迫之下，却又是令人愤慨和惋惜的。

　　《头发的故事》和《风波》问世后，鲁迅又创作了短篇小说《故乡》。在这篇小说中，作者用回忆的抒情笔调，写下了半封建半殖民地社会的农村景象和农民的生活命运。在小说中，鲁迅塑造了那永远令人难忘的农民形象——闰土。在这篇充满了抒情意味的小说中，作者表达了生活在困苦中的农民的愿望，实际上也就是作者自己的愿望。这篇小说的创作手法，基本上是现实主义的。作者从现实情况出发，来描写生活和刻画农民的逼真形象，令人读来栩栩如生。

　　在创作小说的同时，鲁迅还创作了一些杂文。当时，轰轰烈烈的新文化运动正如火如荼地进行着。国内的封建残余势力不甘心失败，立即和西方列强勾结起来，对新文化运动发动猛烈的反攻。

　　鲁迅大怒，立即率领文化战线上的一群青年战士，和敌人展开了激烈的斗争。复古主义的"国粹派"企图维护万恶的封建制度。他们不断宣传，凡是古代的东西，一切都是合理的，即所谓的"国粹"，必须加以维护；一切新事物和新思想皆是洪水猛兽，必须加以排斥。

　　鲁迅气愤地指出，"国粹"就是这些先生们认为的一国独有、他国所无的事物，也就是一些特别的东西。鲁迅用"脸上的瘤"来形容他们所说的"国粹"，"还不如将这'粹'割去了，同别人一样的好"。

　　鲁迅又说：

　　"要我们保存国粹，也须国粹能保存我们。保存我们，的确是第一义。只要问他有无保存我们的力量，不管他是否国粹。"

"二重思想"的鼓吹者和"国粹派"稍有差异，他们看到单靠"国粹"是不能挽救封建制度的，必须加上点洋玩意，方可苟延残喘。但他们又害怕外来势力太强大，"国粹"无法制约。于是，他们便徘徊在两者之间，终究走回了过去的老路。

对持"二重思想"者，鲁迅也采取了严厉的批判态度。他说：

"其实世界上决没有这样如意的事。即使一头牛，连生命都牺牲了，尚且祀了孔便不能耕田，吃了肉便不能榨乳。何况一个人先须自己活着，又要驮了前辈先生活着的时候，又须恭听前辈先生的折衷：早上打拱，晚上握手，上午'声光化电'，下午'子曰诗云'呢？"

"学衡派"则把自己说成是一种"不偏不激"的最"公正"的人物，但他们实际上却反对新文化运动。他们主张旧文学，反对新文学，可他们自己所作的旧体诗文中，却连字句、题目都不通。

对所谓的"学衡派"，鲁迅讥讽道：

"倘使文字句未通的人也算国粹的知己，则国粹更要惭惶煞人……我所佩服诸公的只有一点，是这种东西也居然会有发表的勇气。"

# 第十四章　阿Q诞生

唯独革命家，无论他生或死，都能给大家以幸福。

——鲁迅

## （一）

　　1921年末，孙伏园来到鲁迅家中，请他给《晨报副刊》写点文章。鲁迅无奈，只好答应下来，开始创作《阿Q正传》。阿Q这个形象在鲁迅的心中已经存在很多年了，只是一直没有机会写出来。

　　辛亥革命爆发前的一年，鲁迅尚在绍兴府中学堂任教。有一天，他在家中备课，突然听到院子里传来一阵悉悉索索的声音。他放下手中的教材，来到院中，才发现有个从隔壁家越墙而来的人。

　　鲁迅定睛一看，原来是绍兴有名的流浪汉阿桂。因为生活没有着落，阿桂经常偷一些东西。辛亥革命爆后，阿桂十分活跃，跑到大街上嚷道：

　　"我们的时候到了！到明天，房子也有了，老婆也有了！"

　　绍兴的遗老遗少们听后大为震惊，纷纷跑到街上邀请阿桂到家中做客。不久后，王金发率部进驻绍兴。遗老遗少们见一切依然和往常一样，对阿桂也逐渐冷淡起来。

　　这个阿桂可能就是鲁迅塑造的阿Q形象的原型之一。当然，鲁迅创作"不用一个一定的人",而是"杂取种种人","凑合起来的"。这一个被描写进《阿Q正传》中的阿Q身上,还有许多其他人的影子。

《阿Q正传》是鲁迅唯一的一篇中篇小说,共分9章,采用章回体形式写成。小说展现了辛亥革命前后畸形的中国社会和一群畸形的中国人的真实面貌。阿Q是辛亥革命时期"代表没落的农民的典型"。他出身雇农,社会地位低下,时时遭受压迫和剥削,被侮辱、被损害,生活十分悲惨。

阿Q的身上还有中国农民的优点:"真能做",割麦便割麦,春米便春米,撑船便撑船;但也饱受封建思想的毒害,观念保守,思想狭隘,而且十分愚蠢。只有在忙碌时,人们才会想起他;一到闲时,就把他忘了。人们对他的评价就是:

"阿Q真能做!"

然而,阿Q却受尽豪绅恶霸的欺凌、剥削和压迫,甚至连最后的布衫和棉被都被讹诈去了,弄得他只剩下一条万万不可再剥掉的裤子。阿Q没了生路,只能间或做些偷鸡摸狗的事。

辛亥革命爆发后,阿Q看到赵太爷等人对革命的恐惧,感到这也许是改善自己处境的一个机会。"'革命也好罢,'阿Q想,'革这伙妈妈的的命,太可恶!太可恨!……便是我,也要投降革命党了。'"

在这种心理作用下,阿Q突然觉得自己就是革命党,革命党就是自己。在得意之余,他禁不住大声嚷道:

"造反了!造反了!"

未庄人都用惊惧的眼光看着他。这种可怜的眼光是阿Q从来没有见过的,一见之下,又使他"舒服得如六月里喝了雪水"。

阿Q更加高兴了,他得意地喊道:

"好,……我要什么就是什么,我欢喜谁就是谁。"

显然,阿Q弄不清楚革命是怎么回事,但他对改善自己处境的要求却是真实而迫切的。然而当他满怀希望前来投降革命党时,革命党

**115**

"假洋鬼子"却不准他革命。

小说这样介绍了革命之后建立起来的新政权：

> 知县大老爷还是原官，不过改称了什么，而且举人老爷也做了
> 什么……官，带兵的也还是先前的老把总。

这一伙"革命新贵"上台之后都干些什么事呢？举人老爷为了要追一个农民"祖父欠下来的陈租"，可以把这人抓来下到狱中。而阿Q，竟被这个革命政权为了示众的需要诬为盗匪枪毙了。这不是一个人的悲剧，而是整个历史、整个社会的悲剧。

# （二）

假如阿Q的命运不是这样悲惨，而是"革命"成功了，那将是一副什么样子呢？小说是这样回答的：

> 这时未庄的一伙鸟男女才好笑哩，跪下叫道，"阿Q，饶
> 命！"谁听他！第一个该死的是小D和赵太爷，还有秀才，还有
> 假洋鬼子……留几条么？王胡本来还可留，但也不要了……东
> 西，……直走进去打开箱子来：元宝，洋钱，洋纱衫，……秀才娘
> 子的一张宁式床先搬到土谷祠，此外便摆了钱家的桌椅，——或者
> 也就用赵家的罢。自己是不动手的了，叫小D来搬，要搬得快，搬
> 得不快打嘴巴……赵司晨的妹子真丑。邹七嫂的女儿过几年再说。
> 假洋鬼子的老婆会和没有辫子的男人睡觉，吓，不是好东西！秀才
> 的老婆是眼胞上有疤的……吴妈长久不见了，不知道在那里，——
> 可惜脚太大。

　　"阿Q王国"的政治纲领和历史上的农民起义没有任何区别。阿Q心中的革命就是把高高在上者踩到脚下，自己爬上去。阿Q就刑之际，说了句颇有点英雄气概的豪语：

　　"过了二十年又是一个……"

　　鲁迅为什么会特意安排这样一句豪气的台词呢？他深深地明白，在中国这片大地上，阿Q并不是孤立的，一个阿Q倒下去，还会有千万个阿Q站起来！

　　在《〈阿Q正传〉的成因》一文中，他预言道：

　　　　此后倘再有改革，我相信还会有阿Q似的革命党出现。我也很愿意如人们所说，我只写出了现在以前的或一时期，但我还恐怕我所看见的并非现代的前身，而是其后，或者竟是二三十年之后。

　　20世纪30年代，美国著名的记者斯诺先生来到中国，鲁迅热情地接待了他。斯诺问：

　　"你认为在中国阿Q依然跟以前一样多吗？"

　　鲁迅大笑道：

　　"更坏。他们现在管理着国家哩。"

　　鲁迅和斯诺说这句话时，《阿Q正传》已经发表十余年了。很明显，鲁迅这里所说的阿Q是指国民党当局。阿Q是一个破落户，鲁迅为什么拿他与国民党当局比较呢？其实，鲁迅这里指的是他们精神上的相似，而非身份的相似。

　　阿Q身上有着当时大部分中国人都有的"精神胜利法"。他虽然破产了，但却妄自尊大，封建统治阶级的思想深深地影响着他。失败之后的"精神胜利法"，就是他精神上的一个显著特征。他能把所遇到的一切糟糕的事都解释成为自己的"胜利"。他是这样的穷困，可是他却说：

"我们先前——比你阔得多啦！"

有的时候，他也会这样想：

"我的儿子会阔得多啦！"

悲哀的阿Q总是能从这些不着边际的想法中得到一点宽慰。这样，他在现实中遇到的种种困顿和屈辱就都是可以忍受的了。

被人打了，他就想：

"我总算被儿子打了，现在的世界真不像样。"

这样想了一想，他又觉得自己胜利了。他甚至因为自己比一切人更能自轻自贱而感到骄傲。这真是惊人的自欺和麻木！

阿Q身上为什么会有这种"精神胜利法"呢？一方面，他无力反抗现实；另一方面，他也不愿意对现实进行认真的反抗。鲁迅曾在《摩罗诗力说》中谈到拜伦的态度：

"苟奴隶立其前，必衷悲而疾视，衷悲所以哀其不幸，疾视所以怒其不争。"

"哀其不幸，怒其不争"，这就是鲁迅自己对待阿Q的态度。不幸的阿Q，你怎么这样没出息，怎么不起来斗争啊！

在小说中，鲁迅通过对阿Q悲惨命运的描写，表达了对中国农民的关怀。但他同时也对小人物身上普遍存在的"精神胜利法"提出了批判。在这篇伟大的现实主义作品中，通过对阿Q这一艺术形象的描写，鲁迅深刻地反映出旧中国劳动人民的悲惨生活。他们在几千年封建势力和近百年帝国主义的压迫下，过着屈辱的、麻木的生活。鲁迅渴望改变这种生活状态。该怎样改变呢？鲁迅认为，要改变这种状态，首先必须改变他们的精神状态，"揭出痛苦"，为的是"引起疗救的注意"。

正因为鲁迅在小说中揭出了国人的痛苦，《阿Q正传》的发表在社会上引起了一片恐慌。后来，新文化运动的主将之一高一涵在《闲话》中回忆当时的情景说：

　　我记得当《阿Q正传》一段一段陆续发表的时候，有许多人都栗栗危惧，恐怕以后要骂到他的头上。并且有一位朋友，当我面说，昨日《阿Q正传》上某一段仿佛就是骂他自己，因此便猜疑《阿Q正传》是某人作的，何以呢？因为只有某人知道他这一段私事……从此疑神疑鬼，凡是《阿Q正传》中所骂的，都以为就是他的隐私；凡是与登载《阿Q正传》的报纸有关系的投稿人，都不免做了他所认为《阿Q正传》的作者的嫌疑犯了！等到他打听出来《阿Q正传》的作者名姓的时候，他才知道他和作者素不相识，因此，才恍然自悟，又逢人声明说不是骂他。

　　由此可见，阿Q这一形象的塑造是相当成功的。那些看了小说的人之所以会认为作者是在骂自己，就是因为他们身上或多或少都具有阿Q的影子。

　　《阿Q正传》的问世是中国现代文学史上的一件大事。它不但为现代中国现实主义文学奠定了坚实的基础，也推动了现代世界文学的发展。小说发表后不久，就被译成好几国文字，在全世界的读者中广泛传播，并立刻得到国际上进步的、革命的作家的赞扬，获得了国际名声。"阿Q"和他的"精神胜利法"已不单单属于中国，也是属于世界的。

## （三）

　　当鲁迅在文学上取得一些成就时，他的家庭突然出现了变故。1923年7月14日，鲁迅在日记中写道：

　　"是夜始改在自食吃饭，自具一肴，此可记也。"

　　当时，鲁迅一家过着聚族而居的大家庭生活。他自己住在前院，母亲鲁瑞和妻子朱安住在中院，周作人夫妇住在后院。一家素来在一起吃饭，鲁迅为什么会在这一天晚上突然一个人在房间吃饭呢？

5天后，即7月19日上午，鲁迅回到八道湾胡同的家。弟弟周作人脸色铁青地走过来，递给他一封信，然后转身而去。

鲁迅展信一看，信是弟弟周作人写给他的，只见上面写道：

> 鲁迅先生，我昨天才知道——但过去的事不必再说了。我不是基督徒，却幸而尚能担受得起，也不想责难——大家都是可怜的人，我以前的蔷薇的梦原来都是虚幻，现在所见的或者才是真正的人生。我想订正我的思想，重新入新的生活。以后请不要再到后边的院子来，没有别的话。
>
> 愿你安心、自重。
>
> 七月十八日，作人

周作人在信中称哥哥为"鲁迅先生"，要哥哥以后不要再到自己的住处来，并叫哥哥"自重"，这是多么绝情的话啊！

不知道鲁迅读这封信时会是怎样的心情。当晚，他在日记上写道："上午启孟（周作人的字）自持信来，后邀欲问之，不至。"

从鲁迅当天日记的记载可以看出，他要想找弟弟面谈，但没有成功。他要和弟弟谈什么呢？兄弟之间到底发生了什么冲突？

由于周氏兄弟对此讳莫如深，人们至今也不知道他们之间到底出现了什么问题。按理说，周氏兄弟从小感情就很好，不至于因为观念或生活方式的不同而产生矛盾。后人据两位当事人的只言片语和他们的一些共同朋友的回忆推断，兄弟二人反目很可能与周作人的妻子羽太信子有关。

周氏兄弟在日本东京留学期间，结识了房东的女儿羽太信子。羽太信子家景并不好，她为周氏兄弟等几个租住在她家的中国留学生当

"下女"（女佣），引起了周作人的爱慕；而她的妹妹羽太芳子，后来嫁给了周建人。

与周作人相恋时的羽太信子，相貌普通，身材不高，圆脸庞，小眼睛，但身子结实，干活勤快，性格热情。她和周作人一起来中国定居时，让鲁瑞和朱安等绍兴婆家人第一次见到了外国人，十分新奇、兴奋，尽管她在相貌上与中国女子并没有什么差异。

鲁迅将全家接到北京后，兄弟二人忙于文教事业，三弟周建人还是个学生，周母不熟京城，朱安懦弱不识字，羽太信子自然而然就成了主持家务的人。日本女子素来以温顺节俭著称，但羽太信子却是个例外。

据周建人回忆，羽太信子的派头极大，挥金如土。她主持家务时，家中有仆人六七个，即使在祖父做前清的京官时，周家台门也没有雇过这么佣人。

除此之外，羽太信子还经常做出一些令人费解的事情。有时饭菜烧好了，她突然要吃饺子，把饭菜退回厨房，让下人包饺子；她的被褥才用了一两年，还是新的，就不要了，赏给男女佣人，自己全部换新的。

按照大家庭的规矩，鲁迅和周作人兄弟每每领到薪水，自己只留下些烟钱，其余全部交给当家人羽太信子支配。鲁迅和周作人的收入不低，每月的薪水加稿费至少有600块大洋，这在当时已是极高的收入的。要知道，当时一个普通产业工人一个月的薪水才不过一两块大洋。

如此高的收入，周家竟然经常入不敷出。有时，作为长子的鲁迅不得不向朋友借钱周转，甚至连买烟的钱都没有。为此，鲁迅曾提醒羽太信子，要注意家庭开支用度。

羽太信子或许觉得兄长的意见侵犯了自己的"执政权"，因而经常在周作人面前议论大哥的不是，甚至对鲁迅夫妇恶毒诅咒。

羽太信子的言行不但激起了鲁迅的不满，甚至连一向温柔恭顺的朱安都气愤地对别人说：

"她（羽太信子）大声告诫她的孩子们，不要亲近我们，不要去找这两个'孤老头'，不要吃他们的东西，让这两个'孤老头'冷清死。"

作为羽太信子的丈夫，周作人对她的挥霍又是什么态度呢？中国的大部分文人都有一个缺点，那就是惧内。用现在的话来说，就是怕老婆。周作人就是这样，他一辈子对羽太信子是又爱又惧，几乎不敢反对她的意见。羽太信子总是在周作人的耳边嘀咕鲁迅的"不是"，这也自然而然地影响了周作人对大哥的态度。

单凭这一点似乎还不至于让周作人对大哥恶语相向。由于周氏兄弟对失和的原因讳莫如深，时人也因此而产生了诸多猜疑，但鲁迅终生都未对此事发表过只言片语。鲁迅的三弟周建人在《鲁迅与周作人》一文中也曾说过：

"不是表现在政见的不同、观点的分歧，而是起源于家庭间的纠纷。"

周氏兄弟共同的朋友许寿裳在《亡友鲁迅印象记》中也说：

> 作人的妻羽太信子是有歇斯底里性的。她对于鲁迅，外貌恭顺，内怀忮忌。作人则心地糊涂，轻信妇人之言，不加体察。我虽竭力解释开导，竟无效果，致鲁迅不得已移居外客厅而他总不觉悟。鲁迅遣工役传言来谈，他又不出来；于是鲁迅又搬出而至砖塔胡同。从此两人不和，成为参商，一变从前'兄弟怡怡'。

从众人的话中可以看出，周氏兄弟失和完全由于羽太信子的挑拨。周作人的信对鲁迅的打击很大。第二天一早，他一改过去晚睡晚起的作息习惯，早早地起床找房去了。两周后，即8月2日，他借了800元钱，携带朱安搬进砖塔胡同的临时居所。不久，他又向朋友借钱，买下阜成门内西三条胡同21号的房子，并于1924年5月搬了进去。

# 第十五章　前往西安

在行进时，也时时有人退伍，有人落荒，有人颓唐，有人叛变，然而只要无碍于进行，则越到后来，这队伍也就越成为纯粹、精锐的队伍了。

——鲁迅

## （一）

鲁迅搬出八道湾不久就大病了一场，连续十几天高烧不退，咳嗽不停，还吐了血。在此之前，他从没这样病过。他一晚接一晚地失眠，心头充满了伤心和愤恨。或许是为了忘却忧愁，他烟抽得更厉害了，几乎到了一根接一根的地步；酒也越喝越多，有时简直是放纵自己酗酒。

8月，鲁迅的第一部短篇小说集《呐喊》问世了，这多少给了他一些安慰。《呐喊》共收录了鲁迅创作于1918年至1922年之间的14篇短篇小说。除上面已经提到的《狂人日记》《孔乙己》《药》《故乡》《一件小事》《阿Q正传》《头发的故事》《风波》《明天》之外，还包括《端午节》《白光》《兔和猫》《社戏》《鸭的喜剧》等几个短篇。

《呐喊》的出版，是中国现代文学史上的一件大事，刚一问世，就引起了文艺界的关注。进步青年和批评家个个欢呼鼓舞，新文化运动健将之一成仿吾写道：

近半年来的文坛，可谓消极到极处了。我忍着声音等待震破这沉默的音响的到来，终于听到了一声宏亮的呐喊。在我未曾直接耳闻这一声宏亮的呐喊之先，我先听到了一阵嘈杂的呐喊的呼声，这种呼声对于提醒人们迟钝的注意力是必要的，然而于我这种吞声等着的人，却有点觉得嘈杂而可厌……然而我终于听到了一声宏亮的呐喊了。这便是鲁迅的《呐喊》……

茅盾在《读〈呐喊〉》一文里热烈地赞扬道：

在中国新文坛上，鲁迅君常常是创造"新形式"的先锋；《呐喊》里的十多篇小说几乎一篇有一篇新形式，而这些新形式又莫不给青年作者以极大的影响，必然有多数人跟上去试验。丹麦的大批评家布兰兑斯曾说："有天才的人，应该也有勇气。他必须勇于自信他的灵感，他必然自信，凡在他脑膜上闪过的幻想都是健全的，而那些自然而然未到的形式，即便是新形式，都有要求被承认的权利。"这位大批评家的几句话，我们在《呐喊》中得到了具体的证明。除了欣赏惊叹之外，我们对于鲁迅的作品，还有什么可说呢？

在《呐喊》中，作者以一个批判者的姿态，冷静、犀利地剖析了中国社会的种种弊病。他用文字把中国的弊病赤裸裸地披露在世人的面前，并积极地寻找救治的"良药"。在《自序》中，他感慨地写道：

在我自己，本以为现在是已经并非一个切迫而不能已于言的人了，但或者也还未能忘怀于当日自己的寂寞的悲哀罢，所以有时候仍不免呐喊几声，聊以慰藉那在寂寞里奔驰的猛士，使他不惮于前

驱。至于我的喊声是勇猛或是悲哀，是可憎或是可笑，那倒是不暇顾及的；但既然是呐喊，则当然须听将令的了，所以我往往不恤用了曲笔，在《药》的瑜儿的坟上平空添上一个花环，在《明天》里也不叙单四嫂子竟没有做到看见儿子的梦，因为那时的主将是不主张消极的。至于自己，却也并不愿将自以为苦的寂寞，再来传染给也如我那年青时候似的正做着好梦的青年。

很明显，鲁迅憎恶眼前这个万恶的社会，期待新的变革。所以，他"有时候仍不免呐喊几声"，希望能够唤醒年轻人的科学、民主意识，进而改变中国落后、愚昧的现状！

# （二）

1923年12月，鲁迅著名的学术著作《中国小说史略》上册问世了。此书是根据他在北京大学授课时所编的讲义修改而成的。《中国小说史略》也是中国第一部小说史专著，内容丰富，论证严谨。

在中国文化史上，《中国小说史略》是一个创举。鲁迅不但挖掘了中国文化艺术的宝藏，也揭露了中国封建社会的发展规律。在书中，鲁迅提出的许多论断都达到了令人信服的接近于历史真实的思想高度，甚至连一向与鲁迅不和的胡适也称赞说：

"……开山的创作，搜集甚勤，取材甚精，断制也甚谨严。"

随着《呐喊》和《中国小说史略》的出版，鲁迅在文化界的声誉日隆。一些著名的高校，如北京师范大学、北京女子师范高等专科学校（即后来的北京女子师范大学）、世界语专门学校等，都纷纷向鲁迅抛来橄榄枝，邀请他前去任教。

12月26日，鲁迅应邀前往北京女子师范学校发表演讲，题目是《娜拉走后怎样》。娜拉是挪威剧作家易卜生的经典社会问题剧《玩偶之家》的主人公。她在经历了一场家庭变故后，终于看清了丈夫的真实面目和自己在家中的"玩偶"地位。在庄严地声称"我是一个人，跟你一样的一个人，至少我要学做一个人"之后，娜拉毅然走出家门。

1879年，《玩偶之家》在欧洲首演，娜拉"离家出走时的摔门声"惊动了整个欧洲，亦在后来惊醒了"五四"之后积极探索中国命运和出路的知识分子们。至此，娜拉几乎成了中国知识分子进行思想启蒙的标志性人物，也成为当时激进女性的效仿对象。

虽然《玩偶之家》被称为妇女解放运动的宣言书，易卜生"引起"了一场妇女解放的风暴，但《玩偶之家》却只是以娜拉出走为最终结局，门一摔，剧终了。至于她走后会怎么样，易卜生没有答案。他甚至轻描淡写地说道：

"我写那篇却并不是这意思，我不过是在作诗。"

鲁迅深受封建包办婚姻之苦，对封建社会那套男尊女卑的观念深恶痛绝。他一直呼吁男女平等，支持妇女走出家庭，参与社会生活。因此，他在《娜拉走后怎么办》中提出了一个世纪命题，即女性如何才能获得解放和自由。

鲁迅先生敏锐地觉察出，女性的解放与自由是一个重大的社会问题，必须慎重对待。他认为，女性口袋里没有钱，没有经济大权，出走以后只有两种结局：一是回来，二是饿死。只有妇女真正掌握了经济大权，参与了社会生活，不把自己局限在小家庭中，不把婚姻当成女人唯一的职业，才有可能真正获得解放和自由。

不幸的是，鲁迅的《娜拉走后怎么办》并没能在社会上引起重视。两年后，他又发表了小说《伤逝》。这篇小说也是鲁迅唯一的以青年恋爱和婚姻为题材的小说。恋爱自由、婚姻自主，是"五四"时代青年们所热烈追求的生活理想，也是当时文学创作的热门题材。当时的这类作品，大多致力于描写青年男女冲破封建束缚、追求个性解放和恋爱自由的斗争过程，并往往以自主婚姻的实现作为结局。但鲁迅的

《伤逝》却以悲剧收场，且不是一般的恋爱悲剧，而是自由恋爱成功之后的婚恋悲剧。

小说的主人公涓生和子君在相爱过程中，尽管遇到来自家庭和社会的各种阻挠，但他们无所畏惧，毫不退缩，子君的态度尤其坚决。面对父亲和叔父的反对，她坚定地表示：

"我是我自己的，他们谁也没有干涉我的权利！"

正是靠着这种无畏的勇气和坚定的态度，他们终于冲破重重阻碍而结合在一起，实现了婚姻自主的理想。

然而涓生与子君婚后的"安宁和幸福"并未维持多久，他们的爱情悲剧恰恰发生在恋爱成功、婚姻自主之后不久。首先来临的打击是涓生被解聘。失业后，两人的生计成了问题。虽然他们尝试用其他办法"来开一条新路"，但都未能走通。这令他们的爱情生活蒙上了阴影。

结婚后，子君以为追求的目标达到了，便日渐沉浸在小家庭的琐碎生活中，不再上进，变成了一个目光短浅甚至有些庸俗的家庭主妇，甘愿做靠丈夫养活的附属品。实际上，子君尚未得到真正的自由就停止了追求。

软弱而自私的涓生在感受到婚后生活的平庸和压迫时，只想着"救出自己"，并自欺欺人地把抛弃子君作为自己"向着新的生活跨出去"的第一步，结果导致子君死亡，而他自己也未能真正跨入新的生活，只能整日在悔恨与悲哀中消磨生命。

由此我们可以看出，涓生和子君爱情悲剧的原因，既源于那个不合理的社会制度和黑暗势力的破坏与迫害，也与他们本身的弱点——软弱、自私、目光短浅和狭隘自私的个人主义等有关。涓生和子君爱情悲剧的意义在于，它启示人们：在一个不合理的社会中，单纯追求个性解放和婚姻幸福是不可能成功的。只有在为社会解放而斗争的过程中，才能真正实现个性的解放和个人婚恋的幸福。

# （三）

由于长期吸烟、酗酒，鲁迅在1924年春大病了一场。从3月1日开始，鲁迅连续13次到日本人开设的山本医院就诊，每次都是治疗发烧、咳嗽及吐血之类的肺病症状。在生病前后，鲁迅依然笔耕不辍，接连创作了《祝福》《在酒楼上》《肥皂》等短篇小说。

春季过去之后，鲁迅的身体渐渐康复。初夏，西北大学和陕西省教育厅联合邀请鲁迅到西北讲学。鲁迅脾气不大好，从不轻易答应别人的要求，但只要是有关青年的事情，他一向都来者不拒。1924年7月8日，鲁迅乘车前往西安，参加西北大学的暑期演讲活动。

北京师范大学教授王桐龄、林砺儒，东南大学教授刘文海，南开大学教授蒋廷黻、陈钟凡和北大前理学院院长夏元，北京《晨报》编辑孙伏园，《京报》记者王小隐等学者名流，也都应邀前往西安讲学。

听讲的除西北大学的师生外，还有西安各中小学的教师、各县劝学所代表，共700多人。鲁迅讲的仍是中国小说史，他的课同样得到了广大师生的热烈欢迎。

然而，鲁迅的心情并不好。西安是13个封建王朝的都城，文化底蕴深厚，鲁迅早就想来看看了。恰巧，他写完历史小说《不周山》（后改名《补天》）之后，便开始酝酿写第二篇历史小说《杨贵妃》。

唐代诗人白居易在《长恨歌》中叙述了唐玄宗、杨贵妃在安史之乱中的爱情悲剧，但是，他们的爱情最终被自己酿成的叛乱断送了。诗人着意渲染了马嵬坡杨贵妃之死给唐玄宗带来的矛盾与痛苦的内心情感。唐玄宗奔蜀是在死别之后，而在还都途中，旧地重经，又勾起了伤心的回忆。回宫后，他白天睹物伤情，夜晚辗转难眠，于是寄托于梦，"七月七日长生殿，夜半无人私语时"。

鲁迅对唐代文化如同他对汉魏六朝的文化一样，具有深刻的认识与独到的见解。鲁迅凭借自己的历史知识与文化思考，并参照弗洛伊德的精神分析学说，对唐玄宗与杨贵妃爱情悲剧的传统说法提出了质疑。

鲁迅认为，聪明的唐玄宗不可能看不破安禄山与杨贵妃的关系，所以在"七月七日长生殿"上，唐玄宗只以来生为约，实际上他内心已经有点厌烦了，仿佛在说：

"我和你今生的爱情已经完了！"

说到马嵬坡，鲁迅更是认为历代传说之虚妄。军士们虽说要杀死杨贵妃，唐玄宗此时倘若对她还有情愫，凭他的权位，怎么能不保全她的性命呢？鲁迅甚至大胆假设，也许是玄宗皇帝授意军士们去杀她的。

到了晚年，玄宗皇帝回想起过去在宫内与杨贵妃淫逸行乐的情景，心里不免感伤与后悔。所以梧桐秋雨时，玄宗就生了一场大病。后来，他命人请来一位道士替自己治病。道士用了催眠术，终于让玄宗皇帝与杨贵妃在虚无缥缈的仙山上相会了。如此一来，这个爱情故事又回到了《长恨歌》所述的结局："临邛道士鸿都客，能以精诚致魂魄。"

这就是鲁迅先生构思的新编历史小说《杨贵妃》。著名文化斗士郁达夫听完鲁迅的叙说，颇为激动，赞扬道：

"这实在是妙不可言的设想，若做出来，我相信一定可以为我们的小说界辟一生面。"

当鲁迅把这一构思告诉孙伏园后，孙伏园很感兴趣，并对他说：

"从白纸黑字中所得的材料，构成一个完美的第一印象还是不够的。先生最好到西安去一趟，体味一下唐代古都的生活。"

鲁迅认为孙伏园说得很有道理，文学创作不能脱离生活。来到西安之后，他一直想出去看看唐代的遗迹。讲完课，他和几个朋友到处转了转。然而，眼前的事物令他很失望。古都长安的风光已经不再，满目苍凉完全破坏了他那"完美"的"第一印象"。

8月，鲁迅回到北京，朋友问他：

"你以为那里怎样？"

鲁迅颓然道：

"没有什么怎样。"

就这样，《杨贵妃》这篇小说到底胎死腹中了。

有一次，鲁迅在街头闲逛，一个国民党特务紧随其后，寸步不离。鲁迅也不生气，他故意将特务当成乞丐。等特务靠近后，他突然转过身扔给特务一块银元，大声说："小乞丐，买饭吃吧。"

# 第十六章　幸遇知己

我好像是一只牛，吃的是草，挤出的是奶、血。

——鲁迅

## （一）

1924年前后，北京刊物上出现了一些荒凉的景象，失恋诗风行一时。鲁迅对此早已厌倦，于是就故意作了一首用"由她去罢"收场的，题作《我的失恋》的"新打油诗"，又故意用"某生者"笔名投到《晨报副刊》上，和那些"失恋派诗人"们开开玩笑。

《晨报副刊》的编辑孙伏园是鲁迅的学生兼好友，很熟悉鲁迅的笔迹。他一看那首《我的失恋》，就知道"某生者"就是鲁迅。他笑了笑，就把稿子拿去付排了。

就在这时，晨报馆来了一位新领导，他对《晨报副刊》颇为不满，想加以改革。他仔细看了孙伏园送来的副刊清样，提笔把"某生者"的《我的失恋》划掉了，并在旁边批注道：

"不成东西！"

第二天，孙伏园见副刊上不见了鲁迅的那首《我的失恋》，非常不满。不愿忍气吞声的孙伏园立即跑去见那位新领导，当面质问道：

"我是副刊的编辑，你为何不经过我的同意就撤掉了《我的失恋》？"

那位新领导不可一世地回答道：

"那也叫诗吗？简直不是东西！"

孙伏园大怒，和那位新领导大吵了一场。随后，他递交了辞职信，离开了晨报馆。

当晚，孙伏园来到西三条胡同21号，敲开鲁迅的家门。他一见到老师，就嘀咕道：

"我辞职了，可恶！"

鲁迅诧异地问：

"发生了什么事？"

孙伏园把事情的经过说了一遍。鲁迅听了，心里很不是滋味。他并不是因为稿子被撤而不开心，而是因为孙伏园因他辞职而不安。

几天之后，孙伏园提议众人合力办一份新刊物，鲁迅毫不犹豫地答应竭力"呐喊"。孙伏园当了多年副刊编辑，被文化界誉为"副刊大王"，颇有活动能力。不久，他就邀请了16位颇有名气的撰稿者，其中包括鲁迅、周作人、钱玄同、刘半农、林语堂、川岛等人。

1924年11月17日，周刊《语丝》面世了。《语丝》是现代文学史上第一个以散文为主的文学刊物，成就最高的是简短犀利的思想杂感、社会批评随笔、小品散文等，承续了"五四"时期"随想录"的思想精髓，更为洒脱——"任意而谈，无所顾忌，要催促新的产生，对于有害于新的旧物，要竭力加以排击"。

《语丝》对中国现代散文的发展产生了深远的影响。后来，人们便把排旧促新、放纵而谈、说古论今、不拘一格的文章称为"语丝体"。

鲁迅等一大批撰稿人"提倡自由思想、独立判断和美的生活"，继承了"五四"新文化时期的战斗精神，提倡展开积极的社会批评和文明批评，将矛头指向迂腐的封建礼教、落后的封建意识、僵化的传统观念、军阀官僚的残暴统治、虚伪的文风等，积极倡导美的艺术的生活，鼓吹思想和言论自由等。

在众人当中，鲁迅最为勤快。在《语丝》存在的几年当中，几乎每期都有他的文章，收集在《野草》里的散文诗，就全部都是在《语丝》上发表过的。除此之外，收集在短篇小说集《彷徨》内的《高老夫子》《离婚》，收集在杂文集《坟》内的《论雷峰塔的倒掉》、《论睁了眼看》《说胡须》等许多杂文、短评，以及其他的创作和翻译也都曾在《语丝》上发表过。毫不夸张地说，鲁迅是这个刊物最有力的支持者。

## （二）

《语丝》的成功，让鲁迅看到了中国新文学的希望。1925年4月，他又带着一帮文学青年成立莽原社。这些青年大都是当时在北京读书的大学生，他们对于当时的现状都是很不满的。于是，鲁迅便把他们组织起来，用文字向旧社会、旧文明发起挑战。

莽原社最主要的活动是出版了《莽原》这个刊物。它最初是借用北京《京报》副刊的地位，并随着《京报》发行，开始是周刊，后来又改为独立出版的半月刊。

《莽原》的篇幅虽然不多，但却费去了鲁迅不少心血。由于《莽原》的主要撰稿人都是刚出道或出道不久的青年，鲁迅除了要撰写主要的评论外，还要帮众人看稿子，甚至连刊物的排版、装订等，他都要亲自过问。

莽原社成立不久，鲁迅又帮助另外一批青年成立了未名社。与莽原社不同的是，未名社更加着重于文学创作和翻译方面的工作。未名社的主要工作是出版《未名》半月刊和《未名丛书》。

通过这些刊物，鲁迅带领一批青年作家介绍了大量的俄罗斯文学、苏联的革命文学理论以及现代苏联作家的作品。他们积极宣传社会主义思想，对中国革命的发展影响甚大。

在文学事业获得优异成绩的同时，鲁迅也迎来了爱情的春天。本来，他打算过一辈子苦行僧式的禁欲生活，以维护自己的名誉。虽然他和朱安没有夫妻之实，却有夫妻之名。但这样的生活却非常难捱，他毕竟还不到44岁。

事实上，鲁迅的内心当中并不愿过这种有名无实的家庭生活。1918年初，他的一位族叔病逝了。这位族叔生性洒脱，留下了不少风流韵事。鲁迅在给一位朋友的信中说：

"家叔旷达，自由行动数十年而逝，仆殊羡其福气！"

由此可见，鲁迅对现状的不满。1923年后，随着对民族和社会的失望日益加深，又与周作人闹翻，大家庭的理想破灭，内心深处的虚无感愈益弥漫开来，他的这种不满也一天比一天壮大。他开始反思：自己的牺牲值得吗？自己为何不能追求爱情和个人的幸福呢？

恰好，时任北京女子师范高等专科学校校长的许寿裳向鲁迅抛来橄榄枝，邀请他兼任该校的讲师。从此之后，鲁迅与姑娘们的来往便密切起来。他的客厅里时常会传出女大学生们银铃般的笑声。

1925年初，北京女子师范高等专科学校改称国立北京女子师范大学。在此之前，教育部罢免了许寿裳的校长之职，派杨荫榆女士担任新校长。杨荫榆女士由此也成为中国近代教育史上第一位女大学校长。

杨荫榆早年留学日本，后来又到美国深造，颇有学问。然而，正是由于长期在国外生活，她并不了解国内的现状。经过五四运动洗礼的国人，尤其是学生对专制、独裁与黑暗充满了厌恶和唾弃，对自由、民主充满了渴望。他们勇于挑战权威，随时准备向社会的不公与黑暗发起挑战。但杨荫榆把从西方学来的那一套教育理论不加甄别地运用到中国来，显然，她的那一套在政府腐败、政局动荡的中国是不可能行得通的。

杨荫榆一上任，就向学生宣布：学校犹如家庭，需要一个稳定的局面。学生的任务是读书，不要过问政治活动。她还把进步学生的爱国行动一律斥为"学风不正"，横加阻挠。

在政务方面，她又独断专行，处事不公，很快就激起了师生们的不满。她曾在一篇文章中宣称：

"窃念好教育为国民之母，本校则是国民之母之母。"

所以，她也被学生讽为"国民之母之母之婆"。

## （三）

1924年秋，南方发生了罕见的洪灾，道路不通。与此同时，江浙战争（军阀混战）正在如火如荼地进行着，到处兵荒马乱，百姓苦不堪言，一部分南方学生因此耽误了返校的行程，直到开学一个多月后才回到北京。

杨荫榆大怒，斥责学生不守校规，决定发动整风运动。学生们陆续返校之后，她制定了一个新校规：凡逾期返校的学生都要开除。这一不近人情的规定立即引起了学生们的不满。

更让人无法容忍的是，杨荫榆在执行新校规时没有做到公平、公正，她只处理了三名思想激进的中文系学生。至于那些平日里和她关系较好的学生，她却一个也没有处理。杨荫榆的做法立即遭到全校师生的不满，女师大"驱杨风潮"由此爆发。

北京女子师范大学学生自治会主席刘和珍、自治会总干事许广平等，立即与杨荫榆展开了斗争。许广平是广东番禺人，生于1898年，比鲁迅小17岁。1923年秋，许广平考入北京女子师范高等专科学校，成为鲁迅的学生。

和当时绝大多数女大学生一样，许广平很喜欢看鲁迅的《阿Q正传》《伤逝》《孔乙己》等小说。鲁迅给这一届学生上课之前，学生们就私下议论着：

"不知道鲁迅先生是什么样子的人？"

有知道底细地女生戏谑道：

"你们在说周树人吧！他倒是个怪人，到时候你们就知道了。"

许广平默默地把众人的话记在心里，想早一天见到鲁迅。鲁迅上课那天，许广平特意坐在教室的第一排。鲁迅一走进教室，许广平就震惊了。多年后，她回忆当时的情景说：

"突然，一个黑影子投进教室来，首先惹人注意的便是他那大约有两寸长的头发，粗而且硬，笔挺的竖立著，真当得'怒发冲冠'的一个'冲'字。一向以为这句话有点夸大，看到了这，也就恍然大悟了。褪色的暗绿夹袍，褪色的黑马褂，差不多打成一片。手弯上，衣身上许多补丁，则炫着异样的新鲜色彩，好似特制的花纹。皮鞋的四周也满是补丁。人又鹊落，常从讲坛跳上跳下，因此两膝盖的大补丁，也遮盖不住了。一句话说完：一团的黑。那补丁呢，就是黑夜的星星，特别熠眼耀人。小姐们哗笑了！'怪物，有似出丧时那乞丐的头儿'，也许有人这么想。讲授功课，在迅速地进行。当那笑声还没有停止的一刹那，人们不知为什么全都肃然了。没有一个人逃课，也没有一个人在听讲之外，拿出什么东西来偷偷做。钟声刚止，还来不及包围着请教，人不见了，那真是'神龙见首不见尾'。许久许久，同学们醒过来了，那是初春的和风，新从冰冷的世间吹拂着人们，阴森森中感到一丝丝的暖气。不约而同的大家吐了一口气回转过来了！"

许广平虽然是南方姑娘，但身材却长得颇为高大，相貌也不漂亮。鲁迅似乎并没有注意到这个坐在第一排的广东姑娘，不过，许广平倒是对鲁迅这个不修边幅的中年教师产生了好感。

1925年春，女师大的"驱杨风潮"迅速升温。女师大的师生们和校长杨荫榆之间的矛盾已经公开化，局势相当紧张。3月11日，许广平给鲁迅写了一封信。这是她第一次给鲁迅写信，也是促进双发关系进一步发展的开始。

许广平在信中写道：

　　校长以"留学"、"留堂"（即留校任职）谋优良位置为饼饵，学生以权利得失为去取，今日收买一个，明日收买一个……凡足以固位恋栈的无所不用其极，此中国女子教育之前途！先生！有什么法子在苦药中加点糖分？

就在许广平给鲁迅写信的第二天，伟大的革命先行者孙中山先生因肝癌在北京逝世。孙中山逝世后，约有74万民众前往致祭。当时的段祺瑞政府决定为其举行国葬，灵枢暂时安放在北京西山碧云寺。北京的大学生自发组织起来，要去参加孙中山先生的追悼会。

# （四）

刘和珍、许广平等人听到孙中山病逝的消息，不禁黯然神伤。她们立即组织学生，准备参加孙中山先生的追悼会。令人气愤的是，校长杨荫榆以参加孙中山先生的追悼会是政治活动为由，禁止学生们去参加追悼会。杨荫榆的行为引起了学生们的愤怒，"驱杨风潮"迅速高涨起来。

3月13日，鲁迅给许广平回了一封信。他在信中说：

　　苦茶加糖，其苦之量如故，只是聊胜于无糖，但这糖就不容易找到，我不知道在哪里，只好交白卷了。

这是鲁迅给许广平的第一封信。从信中可以看出，此时鲁迅与许广平之间仅仅只是师生关系而已。但到了5月份，两人的关系就有了实质性进展。

1925年5月，许广平和鲁迅通信6次，两人对对方的称呼和署名也都有了微妙的变化。开始时，许广平称鲁迅为"迅师"，署名"小学生"。不久，她对鲁迅的称呼就变成了"my dear teacher"，署名也变成了"学生"或"你的害马"。

鲁迅对许广平的称呼也颇有意思。开始时，他在回信中直接称呼许广平的名字。不久后，"许广平"便成了"广平兄"，不久又变成了"害马"。

"害马"是许广平的绰号。一个女孩子怎么会有如此不雅的绰号呢？说起这个绰号，还得回到女师大的"驱杨风潮"上来。

5月7日，北京学界召开"五七国耻"纪念大会，借此激发国人的爱国热情。杨荫榆也借此机会在校内布置了一个讲演会，邀请校内校外的人士前来演讲，并以校长资格出面主持。

然而，杨荫榆布置这个演讲会的目的并不是为了教育广大青年，而是为压制"驱杨风潮"。杨荫榆暗想，如果有学生敢反对她，她就以不守秩序为名，给予严厉惩罚；如果没有学生反对，那她就可以继续当她的校长了。

这天一早，学生们都来到了礼堂，参加纪念大会。杨荫榆在几名教师的陪同下走到门口。几名学生迎上去，劝告说：

"校长就不用参加这次纪念会了吧！"

杨荫榆铁青着脸回答说：

"校长不参加，纪念会还怎么开？"

杨荫榆不顾学生的劝阻，进了会场。但她还没走到主席台，会场就响起了一片嘘声。杨荫榆没趣极了，只好退了出去。

这时，她事先布置好的一位教员走上主席台，发表讲话。他尽量装作一副慈祥的样子，向大家说道：

"大家不要这样，你们怎么能在国耻纪念日上捣乱呢？我想，总会有几个学生因此而遭到开除学籍的处分。不过，事情还没到无法挽回的余地。"

很显然，他在暗示学生们，众人应向杨荫榆妥协。否则，杨校长就要动用手中的权力，开除她们的学籍。学生们听到这番话，个个义愤填膺。刘和珍、许广平等人和自治会的干事们商议一番后，立即站出来反驳他。

随后，女师大自治会决定向政府请愿，驱逐杨荫榆。但令众人没想到的是，时任教育总长的章士钊十分顽固，竟暗地里支持杨荫榆。结果，杨荫榆非但没有受到任何处分，刘和珍、许广平等6名学生反倒被开除了。校方在开除令中直斥许广平为"害群之马"。从此之后，她就得了一个"害马"的绰号。

# 第十七章　战士血痕

怀疑并不是缺点。总是疑，而并不下断语，这才是缺点。

——鲁迅

## （一）

杨荫榆开除刘和珍、许广平等人的举动彻底激怒了学生们。众人立即到操场集合，列队走向校长办公室，抗议杨荫榆开除学生的无理措施。学生们纷纷表示，她们拥护自治会主席刘和珍、总干事许广平，一定要和杨荫榆斗争到底。

至此，女师大的"驱杨风潮"更加尖锐化。杨荫榆无法和全校学生对抗，只得收回成命，撤消了开除刘和珍、许广平等人的决定。然而，学校的正常教学秩序却因此受到了严重影响，教育总长章士钊甚至下令解散北京女子师范大学。求学心切的学生们不得不向各方寻求援助，希望能继续学业。

刚开始，鲁迅对这次"驱杨风潮"并不关心。他依旧每周去上一次课，下课铃声一响，便挟起书包回家，几乎不多说一句话。章士钊解散北京女子师范大学的命令激怒了鲁迅。一边是手无寸铁的女学生，一边是手握大权的校长、总长，恃强凌弱到了这个地步，稍有正义感的教员都会看不下去的。

5月12日，鲁迅在《京报副刊》上公开表态，表示支持学生运动。随后，他又联络许寿裳等一些教员，联名宣告反对杨荫榆。章士钊大怒，立即指使陈西滢等和鲁迅不和的教授，转弯抹角地讽刺他不懂情理，鼓动学生"造反"。

在5月30日发行的《现代评论》上，陈西滢等人故意隐约其词地说：

"以前我们常常听说女师大的风潮，有在北京教育界占最大势力的某籍某系的人在暗中鼓动，可是我们总不敢相信。"

很明显，陈西滢等人所说的"某籍某系的人"就是在暗指鲁迅。服软不服硬的鲁迅一听，当然咽不下这口气。他立即撰写文章，以激烈的言辞还击陈西滢，并且决绝地回复说：

"'流言'总不能吓哑我的嘴的。"

在接下来的一年中，鲁迅所写的杂文差不多有一半是在与陈西滢等人打笔仗。就论辩的笔力而言，陈西滢等人根本不是鲁迅的对手。不久，陈西滢等人便败下阵来。新文化运动的主将之一徐志摩看不下去了，终于站出来，要求双方"带住"。

章士钊见陈西滢等人不是鲁迅的对手，又以"结合党徒，附合女生"的罪名，撤了鲁迅在教育部的职。在教育部的办公会议上，甚至有人提议停发鲁迅被解职以前的薪水（欠薪），在经济方面打击他。

鲁迅是国家公务人员，一没违法，二没犯错，章士钊根本无权撤他的职。再说，就算撤职，章士钊也不能扣发他的薪水。因此，鲁迅立即拟写诉状，向法院控告章士钊的违法行为。

鲁迅与章士钊的官司断断续续地打了大半年，最后终于胜诉，法院撤消了章士钊的命令，准许他回教育部复职，而此时章士钊已经离开了教育部。

就在女师大的"驱杨风潮"风起云涌之际，轰轰烈烈的"五卅运动"在上海爆发了。这一事件是由帝国主义枪杀中国工人引起的。鲁迅等爱国人士闻讯大惊，立即口诛笔伐，向帝国主义和封建势力发起了冲锋。全国各地的爱国学生也纷纷组织起来，声援上海的工人罢工斗争。

8月1日，北京女子师范大学30多名学生代表召开会议，商讨支援上海工人的方案。对学生代表怀恨在心的杨荫榆竟然通知军警，将众人围在会议室中。学生代表和武装军警从上午一直对峙到下午4点，始终不肯屈服。

恼羞成怒的杨荫榆竟然下令停止供给学生们饮食，并雇用流氓驱逐学生。双方的冲突迅速激化，刘和珍等人在冲突中受伤。杨荫榆不闻不问，又下令割断电线，封锁校门，对学生代表实施"坚壁清野"政策。

杨荫榆蛮横的做法再次激起了校内外师生们的不满。8月2日，北京33所高校的学生自治会联名向政府提出抗议，要求撤换杨荫榆。8月7日，以鲁迅和许寿裳为中心的女子师范大学校务维持会宣告成立。随后，女师大正式宣告与章士钊的教育部脱离关系，北京的学校和教育团体也发表了一致否认章士钊继续担任教育总长的声明。

恼羞成怒的章士钊于8月17日召开教育部会议，宣布把女师大改组为北京女子大学，由他亲自出面兼任筹备处长。他的这一做法实际上是在变相地解散女师大。女师大被非法解散了，原女师大的学生们在宗帽胡同自租校舍，重新开学，聘请同情她们的教师义务授课。鲁迅就是其中之一。

这一冲突一直闹到1925年冬季才结束。迫于社会各界的压力，章士钊离开了教育部，仓皇逃往天津。杨荫榆也被撤了职。那所并不存在的北京女子大学也自然被取消了。女师大的学生们欢天喜地，立即返回原址上课。至此，"女师大"事件取得了完全胜利。

# （二）

在"女师大事件"过程中，鲁迅与许广平的感情迅速升温。据鲁迅的学生兼同乡俞芳回忆，她每个星期天去西三条胡同的鲁迅家中玩耍，几乎都可以见到许广平。她对许广平的印象是这样的：

"许广平先生她是这样的，人是高高的，她比我姐姐她们都高。人很大方的，眼睛挺有神，眼睛比较大。好像她们说，眉目之间好像很粗，很有点聪明的样子。"

端午节的那一天，鲁迅还特意请许广平和俞氏三姐妹等6名学生到家里吃午饭。饭菜上桌之后，许广平等人往每个人的酒杯里都倒了些葡萄酒。鲁迅素来贪杯，兄弟失和之后喝酒尤其多，甚至经常喝醉。许广平等向鲁迅敬酒，鲁迅很爽快地喝了下去。

几杯酒下肚后，许广平便提议说：

"葡萄酒太轻了（度数太低），不如喝黄酒。"

正在兴头上的鲁迅笑道：

"好啊！"

说着，鲁迅吩咐人换了酒，又喝开了。过了一会儿，许广平又说：

"黄酒还是太轻，有没有胆量吃白酒？"

鲁迅又笑道：

"吃白酒就吃白酒！"

就这样，众人又喝开了。大概是由于几种酒混合喝的缘故，鲁迅、许广平等人很快就有了醉意。酒喝多了，话也多了起来。据俞芳回忆，鲁迅说到兴起，掀了一下她姐姐俞芬的头，又敲了一记许广平的头。由此可见，鲁迅和许广平此时的关系已经非同一般了。

端午节过后没多久，章士钊就非法解散了女师大，学生宿舍也被警方强行关闭了。许广平是广东人，在北京无亲无故，顿时失去了栖身之所。于是，鲁迅便让许广平暂时住在自己家中。

在鲁迅家中，许广平有了一项新的活动，就是为鲁迅抄书稿。许广平抄写的速度很快，有时候一天就能抄上万字。在这段朝夕相处的日子里，鲁迅不可能感觉不到许广平对他的感情，感情一直处于空白阶段的鲁迅也不可能不对许广平产生爱意。

据说，鲁迅有一次走进许广平的房间，摸了摸她的手，深情地说：

"你抄得太辛苦了！"

许广平感到，此时鲁迅对自己的感情似乎已经超出了师生的范畴。或许是得到了这次暗示，许广平大胆地向鲁迅表达了自己的爱。

然而，此时的鲁迅尚未完全摆脱朱安给他的心理上造成的束缚。他觉得，自己不可能再得到婚姻和幸福，也不配被人所爱。

鲁迅在女师大授课时，曾编写了一本《出了象牙之塔》的教材。教材收录了一篇英国著名诗人勃郎宁写的一个爱情故事。故事中，一位年长的老师同一位年轻的女学生相爱了，但是年长的老师却认为他们不能相爱，就说：

"我们不相称。"

等到晚年时，那位老师回想当年的事情，喃喃地说道：

"神未必这样想，我们还是可以相爱的。"

当鲁迅向许广平说自己不配被人所爱的时候，许广平立即想到了这个爱情故事。因此，她立即对鲁迅说：

"神未必这样想！"

鲁迅听了这话，回答说：

"你中毒太深了，因为我课堂上讲的这个故事，你太理解了。"

鲁迅这句话的意思并不是拒绝许广平，而是要她再慎重考虑一下。当时，许广平已经是个27岁的大姑娘了，不可能不明白与鲁迅相爱所面临的重重困难。

一方面，两个人年龄差距太大，但年龄从来都不是爱情的障碍；另一方面，鲁迅是已婚男子。她与鲁迅相爱，就不得不面对朱安，不得不面对妻妾的名份问题。许广平不在乎名份，她要的是美满的爱情和婚姻，而不是一个虚名。

既然许广平已经考虑清楚了，两人之间也就不存在什么障碍了。不久，许广平主动走进鲁迅的小屋，希望得到一个最后的答复。一番凝视与思量后，鲁迅缓缓说道：

"我可以爱，你胜利了。"

## （三）

女师大事件刚刚平息，"三一八惨案"又爆发了。1926年春，冯玉祥的国民军与奉系军阀正打得不可开交，日本人也趁机掺和进来。3月12日，两艘日本军舰护卫奉系军舰进入大沽口，开炮轰击国民军。国民军奋起抵抗，开炮还击，迅速将日本军舰逐出大沽口。

3月16日，日本政府借口国民军破坏了《辛丑条约》，勾结英、美、法、意、荷、比、西等八国公使，向北京政府发出最后通牒，要求拆除大沽口炮台。八国公使宣称，如果北京政府不在48小时之内答复，他们将以武力解决。随后，各国军舰云集大沽口，以武力威胁北京政府。

国民党执行委员会代表徐谦、中国共产党领导人李大钊等人怒不可遏，决定组织在京各高校的爱国学生到天安门集会。

3月18日上午10点，国民党北京执行部、北京市党部，中共北方区委、北京市委，北京总工会，学生联合会等团体与80多所学校共约5000多人在天安门举行"反对八国最后通牒的国民大会"。广场北面临时搭建的主席台上，悬挂着孙中山先生的遗像和他所撰写的对联"革命尚未成功，同志仍须努力"，台前的横幅上写着"北京各界坚决反对八国最后通牒示威大会"。

大会决议：

"通电全国一致反对八国通牒，驱逐八国公使，废除一切不平等条约，撤退外国军舰，电告国民军为反对帝国主义侵略而战。"

会后，爱国学生按预定路线举行了游行示威。游行队伍从天安门出发，经东长安街、东单牌楼、米市大街、东四牌楼，最后进入铁狮子胡同（今张自忠路）东口，在段祺瑞执政府（今中国人民大学清史研究所）门前广场请愿。

一路上，不断有从各处赶来的学生加入到游行队伍当中。当游行队伍抵达执政府门前时，请愿者已达3万余人。为控制局势，段祺瑞的卫队竟然向请愿群众开枪，结果导致40多人遇难，200余人受伤。枪声后，手拿大刀铁棍的散兵冲过来，用大刀、铁棍向中枪扑地、尚有生气的人当头击打。女师大学生自治会主席刘和珍和她的同学杨德群当场遇难，革命领袖李大钊头部也受了伤，但仍镇定地指挥群众撤离。

第二天，段祺瑞执政府下令通缉"暴徒"领袖李大钊等五人。为掩饰自己的罪行，执政府又雇请宣称"不管闲事"的陈西滢等人，出来替政府说话。陈西滢诬蔑学生们是"受人利用"而"自蹈死地"。

鲁迅闻讯后大怒，立即反驳道：

"三月十八日段政府残杀徒手请愿的市民和学生的事，本已言语道断，只使我们觉得所住的并非人间……各种评论中，我觉得有一些比刀枪更可以惊心动魂者在。这就是几个论客，以为学生们本不应当自蹈死地。那就中国人真将死无葬身之所，除非是心悦诚服地充当奴子，'没齿而无怨言'。不过我还不知道中国人的大多数人的意见究竟如何。假使也这样，则岂但执政府前，便是全中国，也无一处不是死地了。"

3月25日上午，北京女子师范大学的师生们为刘和珍、杨德群举办了追悼会。鲁迅也怀着沉痛的心情参加了追悼会。他在礼堂外徘徊了一阵，正要往里面走，一个学生迎来问：

"先生可曾为刘和珍写了一点什么没有？"

鲁迅凄然道：

"没有。"

那名学生央求道：

"先生还是写一点吧，刘和珍生前就很爱看先生的文章。"

鲁迅颇受震动，回去后便写了一篇《纪念刘和珍君》。在文中，鲁迅追忆了刘和珍始终微笑和蔼的样子，痛悼"为中国而死的中国的青年"，并高声歌颂"虽陨身不恤"的"中国女子的勇毅"。文中有这样一段话：

> 真的猛士，敢于直面惨淡的人生，敢于正视淋漓的鲜血。这是怎样的哀痛者和幸福者？然而造化又常为庸人设计，以时间的流驶，来洗涤旧迹，仅使留下淡红的血色和微漠的悲哀。在这淡红的血色和微漠的悲哀中，又给人暂得偷生，维持着这似人非人的世界。我不知道这样的世界何时是一个尽头！

# 第十八章　国难当头

做一件事，无论大小，倘无恒心，是很不好的。

——鲁迅

## （一）

《纪念刘和珍君》发表后，鲁迅又在《语丝》上发表了大量文章，痛斥执政府的残暴，并称3月18日是"民国以来最黑暗的一天"。鲁迅的文章触到了执政府的软肋，自然不受官方的欢迎。

几天后，《京报》上有消息透露，鲁迅的名字已被列入政府的通缉名单。朋友们纷纷劝鲁迅出去躲一躲，避避风声。在接下来的一个多月里，鲁迅先后往"莽原社"和几家外国人办的医院躲避。有一次，由于时间仓促，他只好在一家德国医院的杂物仓库里躲了10天。

鲁迅躲了一个多月后，局势逐渐缓和下来，北京政府似乎也没有逮捕鲁迅的打算。然而，这件事却给鲁迅的身心带来了巨大的创伤。回到寓所后不久，鲁迅就大病了一场，胃病发作，痛得他死去活来。身体上的痛苦还能忍受，但心灵上的创伤却无法弥合。"三一八惨案"发生后，北京的政治氛围越发沉闷，军阀们你方唱罢我方登场。他们的眼里只有私利，丝毫不把国家和民族的利益放在心上。

看着眼前的这一切，鲁迅痛心极了，但他又能怎样呢？鲁迅只是个小小的知识分子，是没有力量在军阀面前说清道理的。1926年8月，鲁迅毅然决定离开北京，前往厦门大学任教。

厦门大学国文系主任林语堂是鲁迅的老朋友。1926年春，林语堂闻知鲁迅又生病了，就邀请他去厦门大学任教。厦门远离北京，邻近广东，不但气候温暖，政治氛围也比北京温和一些。再说，林语堂还给鲁迅开出了每月400块钱的高薪。

不管从哪方面看，厦门都是鲁迅开始新生活的好地方。其一，厦门气候温暖，对鲁迅的肺病、胃病有很大的好处；其二，厦门的政治氛围相对宽松一些，可以缓解鲁迅压抑的心情；其三，每月400块的高薪着实是个很大的诱惑。

恰巧，刚从女师大毕业的许广平要返回广东，就任广东省立女子师范学校的训育主任。于是，鲁迅便和许广平同车，经津浦路南下。抵达上海后，两人便分手了。他们互相约定，两年之后再见面。

鲁迅刚到厦门，他的第二本短篇小说集《彷徨》就在北京出版了。《彷徨》收录的11篇小说写于1924年至1925年，首篇《祝福》写于1924年2月16日，末篇《离婚》写于1925年11月6日，实际的时间跨度是一年半多。

《彷徨》贯穿着对生活在封建势力重压下的农民及知识分子"哀其不幸，怒其不争"的关怀。人都有彷徨之时，孤独无依，进退失据，谓之彷徨。鲁迅写这些小说的时候，也是彷徨的——他曾经的希望破灭了，他看不到祖国的出路和未来。

鲁迅在《彷徨》中所流露出的心情虽然相当沉重，但他并没有完全消沉下去。他的彷徨不过是一个爱国志士正常的情感起伏。在小说集的扉页上，他引用了屈原《离骚》中的诗句，以表达自己的心情：

"路漫漫其修远兮，吾将上下而求索。"

可以肯定，鲁迅思想上的这种波动只是发生在这一时期的暂时现象，而并非他思想中的主流方面。如果我们将鲁迅的文学创作的两个

重要部分——小说和杂文联系起来看，那么就不难理解，在鲁迅的思想和生活中，坚强不屈的战斗精神仍是它的主要方面。

## （二）

厦门大学是爱国华侨陈嘉庚筹资创办的，始建于1921年，设有文、理、教、法、商、医、工七科，共24个系，约有学生400人。厦门大学第一任校长林文庆有两个特点：一是以孔教为办学的"纲"，提倡复古、尊孔，让学生背古书，弄古文；二是以"金钱万能"为办学方针。

鲁迅在厦门大学担任中国文学系教授，讲解《中国文学史》和《中国小说史略》。当时，厦门大学的文科并不景气，文科教室里常常只有十来个必修的学生听课，场面非常冷清。

鲁迅的到来彻底改变了这种局面。他每次上课，钟声刚响，教室里早就坐满了人，后到的学生只能凭窗倚墙站着听讲。不仅文科的学生来听课，法科、理科、商科的学生也都跑来听课，甚至一些年轻的教员也来旁听。厦门大学的师生们见到这种状况，便在私下里议论说：

"文科今年有生气了。"

学生们在课堂上把鲁迅当成先生，在课下把鲁迅当成人生的导师。一些厦门本地的学生在周末时都不回家，而是留在学校里陪鲁迅。倘若鲁迅上街，他们便跟着去，给鲁迅当闽南话翻译。夜晚，鲁迅的房间里整夜亮着灯，还时不时传来鲁迅与青年们亲切交谈的话语和爽朗的笑声。在鲁迅的支持和帮助下，厦门大学的进步学生先后成立了"泱泱社"和"鼓浪社"两个文艺团体，还筹办了《波艇》月刊和《鼓浪》周刊。

可以说，鲁迅初到厦门的那段时间是相当快乐的。他在给许广平的信中说：

"我最初的主意，倒的确想在这里住两年。"

然而还没到半年，鲁迅就向校方递交了辞呈。这是怎么回事呢？

其一，鲁迅对厦门的第一印象并不好。他见富人居住的市区到处是洋房别墅、酒吧菜馆，而郊外及居民区则野草丛生、荒坟累累，就引用来过厦门的一个荷兰人的话说：

"中国全国就是一个大墓场。"

其二，鲁迅对厦门人的印象也不大好。他说厦门"大概因为和南洋相距太近之故罢，此地实在太斤斤于银钱，'某人多少钱一月'等等的话，谈话中常听见"。因为鲁迅"没有一点架子，也没有一点派头，也没有一点客气，衣服也随便，铺盖也随便，说话也不装腔作势"，这使得他跟一般的西装革履、衣冠楚楚的教授和学者很不同，同时也令他经常遭到一些势利之人的冷眼。

当时，厦门大学给教职员发薪水，是由总务处开支票到市区的集通银行去领取的。鲁迅第一次去领薪水，来到柜台前，将400大洋支票递过去时，柜台里的人接过支票，见他一副寒酸样，手持如此高额的现金支票，顿时产生了怀疑。因此，银行职员便提高嗓门，打起官腔问：

"这张现金支票是你自己的吗？"

鲁迅懒得回答他，就吸了一口烟。

银行职员又问：

"你这人是干什么差事的？"

鲁迅两只眼望着前方，仍不作回答，又吸了一口烟。

银行职员降低了声音，又问了一句：

"你每月有这么高的薪水吗？"

鲁迅盯着银行职员的眼睛，狠狠地吸了一口烟，仍不作答。最后，这张400大洋薪水的现金支票终于在鲁迅连吸三口烟的沉默中一分不少地兑现了。

其三，鲁迅到厦门大学不久，就和校长林文庆发生了冲突。因为学校事事以金钱为中心，学校当局便依仗金钱将教职员当成奴仆看待。鲁迅刚到学校，学校当局就问其履历、著作、计划、年底有什么成绩发表等等，希望鲁迅能快速并多出成果，就像养奶牛每日挤奶一样。

有一次，林文庆催问鲁迅有什么学术成果，鲁迅立即把足足可以抵研究教授三四年成绩的《古小说钩沉》稿子交出去，但"放了大约至多十分钟罢，拿回来了，从此没有后文"。这让鲁迅十分反感，在鲁迅看来，厦门大学看中的是"钱"，不是学问。

在一次会议上，林文庆令众人讨论文科的预算。他的目的很明确，就是削减文科的经费。不过，大部分教授都不同意。林文庆无奈，竟搬出他的买办式的格言来说：

"现在是有钱人说话的时候。"

鲁迅非常生气，从口袋里摸出一枚两角的碎银子往桌子上一拍，厉声道：

"我有钱，我也要说话！"

结果可想而知，恼羞成怒的林文庆处处为难鲁迅，让鲁迅非常气愤。他在给许广平的信中是这样评价厦门大学的：

"以北京为污浊，乃至厦门，现在想来，可谓妄想，大沟不干净，小沟就干净么？"

12月31日，忍无可忍的鲁迅终于向校方提交了辞呈，因为他"和厦大根本冲突，无可调和"。鲁迅在厦门大学虽然只待了短短几个月，但对厦门大学及青年学生的影响却极为深远。

## （三）

在鲁迅离开北京前往厦门前后，具有划时代意义的"北伐战争"开始了。1926年7月9日，蒋介石在广州就任国民革命军总司令，誓师北

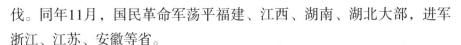

伐。同年11月，国民革命军荡平福建、江西、湖南、湖北大部，进军浙江、江苏、安徽等省。

"北伐"胜利的消息频频传来，多少给陷入苦闷的鲁迅带来了一些欣慰。他经常怀着兴奋的心情给许广平写信，报告胜利的消息。从这时起，鲁迅就产生了离开厦门前往广州的念头。广州是中国革命的策源地，国共两党正在那里策划着中国的未来。

作为一位伟大的爱国知识分子，鲁迅迫切地希望到广州去。不可否认的是，鲁迅如此迫切地想到广州去还有另外一个原因，那就是他的恋人许广平正在广州。

1927年1月16日，鲁迅离开厦门，乘"苏州"号海轮前往广州。1月18日午后，"苏州"轮抵达黄埔港。鲁迅先生与三位从厦门大学准备转学到国立广东大学（不久改称中山大学）的广东籍学生一道转乘小船到达长堤，在旅馆住了一宿。1月19日下午，在孙伏园、许广平等人的帮助下，鲁迅迁入中山大学，住进校园前排中心的大钟楼上。

鲁迅的到来受到了中山大学师生的热烈欢迎。鲁迅也是抱着许多新希望到广州的，他热心地希望把中大的文科办好。将到中大前，他在给一位朋友的信中说：

> 到中大后，也许不难择一并不空耗精力而较有益于学校或社会的事，……中大如有可为，我还想为之尽一点力。……只要中大的文科办得还像样，我的目的就达了。

除此之外，他"还有一点野心，也想到广州后，对于'绅士'们仍然加以打击，至多无非不能回北京去，并不在意。第二是与创造社联合起来，造一条战线，更向旧社会进攻，我再勉力写些文字"。还有："为社会方面，则我想除教书外，仍然继续作文艺运动，或其他更好的工作"。

鲁迅到广州没多久，就发现事情远不像他想得那么简单。随着北伐的节节胜利，蒋介石便加紧与帝国主义、旧军阀官僚勾结，加紧了反共步伐。1927年2月21日，蒋介石在南昌总部的演讲中声称：

"我是中国革命的领袖，并不仅是国民党一党的领袖，共产党是革命势力之一部分，所以共产党员有不对的地方，有强横的行动，我有干涉和制裁的责任及其权力。"

当时，蒋介石虽未与中国共产党公开撕破脸皮，但却暗中指使地痞流氓大肆破坏共产党在江西、安徽等地的革命活动。国共第一次合作遭到了严峻的挑战，广州的青年们也随之迅速分化为两大阵营。

1927年3月1日，由国立广东大学改名为国立中山大学后首次举行开学典礼。鲁迅在开学典礼上谆谆教导中大学生：

"中山先生一生致力革命、宣传、运动，失败了又起来，失败了又起来，后来大家发表的成绩，即是现在的中华民国。中山先生给后人的遗嘱上说，'革命尚未成功，同志还须努力'。这中山大学就是'努力'的一部分。为要贯彻他的精神，在大学里，就得如那标语所说，'读书不忘革命，革命不忘读书'，因为大学是叫青年来读书的。"

针对当时两大阵营的斗争，鲁迅先生特别提醒同学们注意：

"念书固可以念得革命，使他有清晰的、廿世纪的新见解。但，也可以念成不革命，念成反革命，因为所念的多属于这一类的东西，尤其是在中国念古书的特别多。"

因此，他勉励大家：

"青年应该放责任在自己身上，向前走，把革命的伟大扩大！"

并号召"中山大学的青年学生，应该以从读书得来的东西当武器，"向"一切旧制度，宗法社会的旧习惯，封建社会的旧思想"猛烈开火。

从鲁迅的讲话中可以看出，他支持中国共产党的革命行动，反对国民党的反革命行径。但正是因为这种公开表态，他立即遭到了国民党当

局的监控。3月29日，鲁迅被迫搬出中山大学，在东堤赁白云楼而居。

随后，局势愈演愈劣，终于爆发了"四一二"反革命政变。4月12日，以蒋介石为首的国民党反动派在上海大肆屠杀工人群众及共产党员。接着，广州也发生了同样的惨剧。4月15日，国民党反动派冲入中山大学，逮捕了一大批中国共产党学生党员。

鲁迅立即联合各系主任，召开紧急会议，设法营救被捕学生。然而，国民党当局却以"清党"为由，不但不予理会，反而大肆屠杀爱国青年。鲁迅愤怒极了，立即辞掉了在中大的一切职务。

有一次，一家出版社向鲁迅约稿。鲁迅知道该出版社在计算稿费时从来不把标点符号计算在内，就想整整他们。因此，他的书稿通篇没有一个标点符号。编辑无奈，只好让鲁迅加上标点，并另外支付稿费。

# 第十九章 战斗不息

人类总不会寂寞，因为生命是进步的，是天生的。

——鲁迅

## （一）

辞去教职的鲁迅并没有放弃战斗，他奋笔疾书，写下了散文集《野草》的"题辞"。在文章中，他热情地歌颂了人民革命必然胜利的历史趋势，同时也痛斥国民党反动派的倒行逆施。

1927年7月，鲁迅的散文集《野草》在上海出版了。《野草》是鲁迅唯一的一本散文诗集，收录他于1924年到1926年间所作23篇散文诗，书前有题辞一篇。

《野草》以曲折幽晦的象征，表达了20年代中期作者内心世界的苦闷和对现实社会的抗争。其中，《这样的战士》《淡淡的血痕中》《一觉》等篇表达了对现实的失望与愤懑；《影的告别》《死火》《墓碣文》等篇描绘了对自我深刻解剖之后的迷茫心境；《希望》《死后》等篇则写出了对未来的疑惧，深刻地表现出作者的人生哲学。这些文章语言俏奇瑰丽，意象玄妙奇美。

1927年10月初，鲁迅和许广平离开广州，前往上海。最初，他们住在闸北景云里23号，后又搬到17号和18号。恰巧，刚从武汉回到上海的

茅盾也住在闸北景云里，而且与鲁迅的居所斜对门。鲁迅经常去看望矛盾，两人的关系也逐渐密切起来。除此之外，他和郭沫若、郁达夫等人也走得很近。

上海的青年学生听说鲁迅到了上海，纷纷邀请他去发表演讲。一些高校为满足学生的要求，也向鲁迅发出邀请，希望他能去担任教授。为了能够专心进行创作和进行翻译工作，鲁迅一一谢绝了众人的好意。从此之后，鲁迅迈入了他人生最辉煌和最后的10年。

1928年2月，鲁迅担任从北京转移到上海的《语丝》杂志主编。同年6月，他又和郁达夫创办了以刊载文学创作和翻译为主的杂志《奔流》。年底，他又和文学青年柔石等人合作，创办了朝花社，出版文艺周刊《朝花》（后来曾改为旬刊）、《艺苑朝花》等。

同《语丝》不同的是，《奔流》和《朝花》除了刊登鲁迅等人的创作之外，还大量介绍了苏联、东欧、北欧以及西方国家进步作家的文学作品与社会主义文艺理论等。其中，《奔流》刊登的《苏俄文艺的政策》《关于文艺领域上的党的政策》，《朝花》上刊登的《艺术论》《文艺与批评》等作品，对中国无产阶级文学的发展产生了深远的影响。

鲁迅等人大力宣传文学的阶级性，立即引起了不同意见者的反对。1929年9月，"新月派"代表人物梁实秋在《新月》月刊第二卷第六、七号合刊上发表《文学是有阶级的吗？》一文，斥责鲁迅等人的观点。他企图以"人性论"抹杀文学的阶级性，否认革命文学和人民群众的创造力量。

为了捍卫无产阶级的革命文学事业，捍卫马克思主义的文艺理论，鲁迅立即予以有力的反击。在《硬译》与《文学的阶级性》两篇杂文中，鲁迅以马克思主义的阶级分析观点，和梁实秋的"人性论"展开了决战。他认为，要抹杀文艺的阶级性是不行的，阶级斗争是客观存在的，文学是有阶级性的。

在文化战线上与宣扬资产阶级思想的文人战斗，在当时具有重大的历史意义。在共同的对付当前敌人的目标之下，革命文学阵营的内部逐步走向团结一致，创造社和太阳社首先停止了对于鲁迅的攻击。

再加上鲁迅翻译和介绍了马克思主义的文艺理论，为革命文学建立了一个初步的理论基础，从而令所有革命和进步的文艺工作者全都团结在中国共产党周围。

就在鲁迅逐渐从一个民主主义革命者发展成为共产主义者时，他和许广平的爱情也结出了"果实"。1929年9月7日，鲁迅和许广平之子周海婴降生了。周海婴的降生不但给鲁迅和许广平的小家庭增加了许多快乐，也缓和了鲁迅、朱安和许广平三人之间的关系。

在那个特定的时代，朱安和鲁迅都是封建婚姻的牺牲品。对鲁迅和许广平的结合，朱安的内心是非常痛苦的，但她自幼受到的教育不允许她把这种痛苦表现出来。在她的世界里，男人是可以有三妻四妾的。当然，这并不是说许广平是鲁迅的小妾。实际上，鲁迅和许广平之间没有登记结婚，也没有对外宣称是夫妻关系，他们只是因为爱情而走到了一起。

朱安不恨鲁迅和许广平，但她的内心却十分痛苦。她很想给周家添个一男半女，但鲁迅从来不给她这样的机会。如今，许广平给鲁迅生了个儿子，按理说她应该伤心才对。但她却并不这样想，她觉得是自己有了儿子。因此，她经常对别人说：

"大先生（即鲁迅）的儿子也是我的儿子。"

朱安和许广平之间也开始通信，互称姐妹。鲁迅和母亲鲁瑞相继去世后，朱安在北京的生活陷入困顿。当周作人给她送生活费时，她毅然拒绝了；但当许广平给她寄钱时，她却坦然接受了。由此可见，朱安早已将许广平、周海婴当成了自己的家人。

# （二）

1930年2月12日，鲁迅、柔石、郁达夫、田汉、夏衍、冯雪峰等爱国作家，在上海发起成立了中国自由运动大同盟，简称自由大同盟。自由大同盟的宗旨是争取言论、出版、结社、集会等自由，反对国民政府统治。很快，自由大同盟就在全国各地成立了50多个分会，吸收了许多学校、文艺团体和工人组织参加。

3月2日，鲁迅等人又发起成立了"中国左翼作家联盟"。"中国左翼作家联盟"的成立，也是中国现代文学史上具有划时代意义的大事。在成立大会上，鲁迅发表了《对于左翼作家联盟的意见》的演说。

在演说中，鲁迅向左翼作家们提出了战斗要求，并指出了当前的战斗方向。他说：

"第一，对于旧社会和旧势力的斗争，必须坚决，持久不断，而且注重实力。旧社会的根柢原是非常坚固的，新运动非有更大的力不能动摇它什么。"

接着，他又提出了第二点要求：

"第二，我以为战线应该扩大。在前年和去年，文学上的战争是有的，但那范围实在太小，一切旧文学、旧思想都不为新派的人所注意，反而弄成了在一角里新文学者和新文学者的斗争，旧派的人倒能够闲舒地在旁边观战。"

除此之外，鲁迅还提出，左翼作家联盟应该培养出大批新的战士来。革命文学阵营不但要急于造就大批的新战士，同时在文学战线上的一切战士，还要必须坚持战斗。

《对于左翼作家联盟的意见》的演说，在中国现代文学史上、乃至中国革命史上，都产生了深远的影响。鲁迅的呐喊振聋发聩，立即得到了广大左翼作家的响应。

然而，鲁迅的爱国行动却引起了国民党当局的不安。国民党浙江省党部秘密呈请南京政府，准备通缉"堕落文人鲁迅"。南京政府迫于舆论压力，未敢轻举妄动，只是派特务严密监视鲁迅的一举一动。

为躲避国民党当局的破坏，鲁迅于5月间从闸北景云里移居到北四川路的一所公寓。在此期间，鲁迅一边以笔作枪，与反动派国民党当局作战；一边秘密会晤中国共产党在上海的领导人李立三，准备领导爱国文艺家宣传革命文艺理论。

1930年9月，鲁迅迎来了他的50岁寿辰，上海的文艺界的同志们准备为他举行宴会，庆祝一番。9月17日下午，一些老朋友在法租界的一家荷兰菜馆里为鲁迅举行了一个小型的庆祝会。鲁迅十分高兴地参加了。

这是一个秘密集会，大家陆续来到这家菜馆的小花园里。鲁迅和许广平抱着刚满周岁的爱子海婴，不断向走进园子里的人致意。他的脸上露出柔和的笑容，眼里闪烁着智慧的光芒。这些人中间，不但有革命作家，还有革命的美术家、演员、新闻记者、教授、学生；红军的代表以及中国共产党的报纸编辑。

庆祝会的气氛十分热烈，但场外的空气却异常紧张，一大批国民党特务已经将会场严密监视起来。幸运的是，由于在场的人大都是知名人士，国民党特务不敢对鲁迅和爱国文艺家们下手。

然而，惨剧到底还是发生了。1931年1月，柔石、胡也频、李伟森、殷夫、冯铿等5位革命作家在上海被捕。2月7日深夜，柔石等人与十几名无产阶级斗士在国民党政府的龙华警备司令部被秘密杀害了！

鲁迅闻讯后，简直是又惊又怒，看来国民党反动派马上就要对他下手了。朋友们担心他的安全，纷纷劝他到外面躲一躲。鲁迅不得不离开位于北四川路的寓所，到附近的黄陆路花园庄暂避。在黄陆路花园庄避难期间，鲁迅提笔写下了一首沉痛的诗句：

惯于长夜过春时，挈妇将雏鬓有丝。
梦里依稀慈母泪，城头变幻大王旗。

忍看朋辈成新鬼，怒向刀丛觅小诗。

吟罢低眉无写处，月光如水照缁衣。

柔石等人被杀之后，国民党当局为掩饰自己的罪行，封锁了一切消息。所以，大部分人都不知道柔石等人已经遇难。而更让人震惊的是，国民党当局为打击青年们的爱国热情，竟然造谣称鲁迅已经被捕。

愤怒的鲁迅写了一篇《黑暗中国的文艺界现状》，委托当时在中国的国际友人、美国著名记者史沫特莱女士将其译成英文，寄到美国的进步刊物《新群众》上发表，向全世界进步人士揭露国民党当局屠杀革命作家的暴行。

国民党反动政府的暴行引起了世界各国进步人士的愤怒。"国际革命作家联盟"随后发表了《为国民党屠杀中国革命作家宣言》，痛斥国民党当局的罪行，声援中国左翼作家的爱国运动。

## （三）

20世纪30年代是中国现代史上最为黑暗、最为混乱的年代之一，国民党军阀之间矛盾重重，不但在政治上互相攻讦，还在军事上大打出手。1930年的中原大战（中国历史上规模最大的军阀混战）直接导致20余万士兵伤亡，数百万百姓流离失所，国民党当局对中共苏区的数次围剿更是导致数省百姓陷入困顿之中。

一直对中国虎视眈眈的日本帝国主义见中国内乱不止，遂于1931年9月18日发动了"九一八"事变，强行占领了中国东北。国民党政府不仅不抵抗外辱，竟然还加紧剥削国内百姓，加强对中共苏区的围剿，结果令日本帝国主义更加嚣张。

1932年1月28日，日本帝国主义悍然发动了"一·二八"事变，武力攻打上海。中国爱国军民忍无可忍，果断还击。刹那间，中国最繁华的大都市上海战火四起，生灵涂炭。鲁迅的寓所刚好位于双方交战的范围内。在给好友许寿裳的信中，鲁迅描述当时的情景说：

"陷火线中，血刃塞途，飞丸入室，真有命在旦夕之概！"

在日本帝国主义步步紧逼之际，所谓的"民族主义文学家"发动了"民族主义文艺运动"。他们竟然恬不知耻地替帝国主义的卑劣行径进行掩饰，并美化国民党当局的不抵抗政策。鲁迅终于忍无可忍，提笔予以还击。他在《'民族主义文学'的任务和命运》中指出：帝国主义的殖民政策是一定豢养一批流氓的。这批流氓在帝国主义者的眼中则是最贵重的奴才，最有用的鹰犬，能够为主子尽着镇压殖民地半殖民地人民的任务。而"民族主义文学家"就正是这样的帝国主义的宠犬……

到1933年初，鲁迅已经公开处于和国民党当局短兵相接的境地了。这年1月，他参加了宋庆龄、蔡元培等人主持的中国民权保障同盟，并被举为执行委员。5月13日，他还亲至德国领事馆投递反抗"法西斯帝"暴行的抗议书。

1933年6月，中国民权保障同盟会员杨杏佛被国民党特务刺杀身亡，鲁迅也已被列入国民党刺杀的黑名单。但他的态度却依然坚决而镇静，且有牺牲之决心。他决定不搬家，也不暂避，照常在家工作和出外走动。

当杨杏佛入殓的那一天（鲁迅日记载为6月20日），国民党特务故意放出风声，说要在这一天刺杀中国民权保障同盟的蔡元培和鲁迅。鲁迅听到这一风声后，只是笑了笑，毅然来到万国殡仪馆，为杨杏佛送殓。他出门时还特意将钥匙放在家中，以示"一去不复返"之志。

几天后，有个疑似日本侦探的人问鲁迅：杨杏佛是不是共产党员？如果不是，则杨和共产党的关系又如何？

鲁迅毫不客气地回答道：

"杨杏佛不但是共产党员而已，他还是国民党的人呢。可见今天国民党当局，只要是爱国者就是共产党，就都要加以消灭，是确实忠于

帝国主义的，你们日本大可以放心！"

从这句话中可以看出，鲁迅对国民党当局是何等的失望！所以，他才笔耕不辍，用文字和国民党当局战斗。常年的熬夜写稿，又加他日常接近的革命志士接连神秘失踪和死亡，鲁迅身心俱疲，健康严重受损。

1934年12月14日深夜，鲁迅肺病发作，脊肉疼痛难忍，终夜盗汗不止。一些老朋友劝他设法易地疗养，但他不愿离开多难的祖国。在给一个朋友的信中，他说：

"时亦有意，去此危邦，而眷念旧乡，仍不能绝裾径去，野人怀土，小草恋山，亦可哀也！"

苏联著名文学家高尔基曾邀请鲁迅到苏联住两年。1935年秋，苏联大使馆也邀请他到苏联观光。许多朋友都劝他去住一段时间，养养身体，但鲁迅全都拒绝了。

鲁迅为什么不顾自己的健康，非要留在国内呢？后来，许广平在《欣慰的纪念》中解释道：

第一，他以为那时正在迫压最严重，许多敢说敢做的人，都先后消沉，消灭，或者不能公开做他们应做的工作，自己这时还有一支笔可用，不能洁身远去。

第二，他自己检讨，对社会人类的贡献，还不值得要友邦如此优待，万一回来之后仍是和未出国前一样的做不出什么，是很对不起的，一定要做出什么来呢，环境是否可能也很难说。

第三，照他自己耿介的脾气，旅费之类是自己出最好，自己既然没有这能力，就是给一般造谣者的机会，不是并不一动，就已经说他拿卢布吗？

很显然，鲁迅认为祖国需要他，他必须留下来战斗到底！

# （四）

鲁迅的病越来越严重，日渐消瘦，颧骨凸起，甚至连牙龈都变了形。到1936年春天时，他的体重已不足38千克了。在一次朋友聚会上，美国记者史沫特莱发觉他的健康状况非常糟糕，特意请来当时上海最好的一位肺病专家为他诊断。

那名美国医生仔细地检查之后，神色凝重地说：

"鲁迅的肺病已经非常严重。倘是欧洲人，他在5年前就已经死掉了。"

史沫特莱听完这话，当场流下了眼泪。她明白，谁也救不了鲁迅了，一切只能听天由命了。

到夏天时，鲁迅的身体已经十分虚弱，甚至连陪客人吃完一顿饭的力气都没有了。一位日本朋友增田涉专程从日本赶来探望他的病情，他便请增田涉在家中吃午饭。他勉强吃了一点点，就站起来说：

"我累了，上楼去休息，你慢慢吃吧！"

许广平扶着鲁迅慢慢走上楼。增田涉望着鲁迅的背影，黯然叹息。

10月18日凌晨，鲁迅的气喘病突然发作。天亮后，他强撑着写了一封短信交给许广平，并让她到朋友开的内山书店去打电话，请医生。医生来了后，给鲁迅做了检查，然后走出房门，神色凝重地对许广平摇了摇头。

许广平伤心极了，她知道鲁迅的时日已经不多了。她悄然走到鲁迅身边，不断给丈夫擦汗，希望能减轻他的痛苦。鲁迅紧紧握着许广平的手，仿佛想要握住自己的生命一般。然而，到第二天早晨5点多，许广平感到，鲁迅的手渐渐失去了力气。不久，这位文化巨人、青年导师在苦苦跋涉了56年之后，走到了生命的尽头。

鲁迅虽然去世了，但他的文字和战斗精神却依然存在。在短短的一生中，鲁迅倾尽心血，为中国现代文学、中国革命作出了不可磨灭的贡献。据统计，鲁迅一生共创作小说3本，回忆散文1本，散文诗1本，约35万字；杂文16本，约650多篇，135万字；辑录、校勘中国古典文学作品及研究著作数百万字，其中已出版的约80万字；翻译介绍国外作家的作品约310万字，其中中长篇小说和童话9本，短篇小说和童话78篇，戏剧2本，文艺理论著作8本，短篇论文50篇。

除此之外，鲁迅还亲自接待了大约500名来访青年；亲手拆开从全国各地及海外大约1200位青年的来信，亲自回信3500多封。这些都是他留给中华民族的宝贵遗产！

纵观鲁迅的一生，他始终在为祖国的解放而学习、而工作、而战斗。他不仅是一位无产阶级革命的英雄，更是中华民族的英雄。他那"冗善若惊，疾恶如仇""横眉冷对千夫指，俯首甘为孺子牛"的战斗精神，始终激励着中华民族在各条战线上冲锋陷阵，勇往直前。

毛泽东主席在评价鲁迅时曾说：

"鲁迅是中国文化革命的主将，他不但是伟大的文学家，而且是伟大的思想家和伟大的革命家。鲁迅的骨头是最硬的，他没有丝毫的奴颜和媚骨，这是殖民地半殖民地人民最可宝贵的性格。鲁迅是文化战线上，代表全民族的大多数，向着敌人冲锋陷阵的最正确、最勇敢、最坚决、最忠实、最热忱的空前的民族英雄。鲁迅的方向，就是中华民族新文化的方向。"

# 鲁迅生平大事年表

1881年9月25日　鲁迅生于浙江绍兴城内东昌坊口。姓周，名树人，字豫才，小名樟寿。

1886年　进入私塾，从叔祖玉田先生初诵《鉴略》。

1892年　进入绍兴三味书屋跟从寿镜吾先生学习。

1898年　赴南京，考入江南水师学堂，后转矿务铁路学堂学习。

1902年　从矿路学堂毕业，被派往日本留学，进入东京弘文学院学习日语。

1904年　在弘文学院结业，进入仙台医学专门学校学习。

1906年　从仙台医学专门学校退学；回东京从事文学活动。

1907年　开始撰写的《人之历史》《摩罗诗力说》《科学史教篇》《文化偏至论》等早期重要论文，并与次年在《河南月刊》上陆续发表。

1909年　与周作人合译的《域外小说集》第一册、第二册出版；8月，从日本回国，在杭州浙江两级师范学堂任教。

1910年　回绍兴，任绍兴府中学堂监学。

1911年　出任浙江山会初级师范学堂监督（校长），同年，作文言短篇小说《怀旧》。

1912年　应南京临时政府教育总长蔡元培之邀，至南京任教育部部员，后随临时政府迁往北京，在教育部继续任职。

1918年　在《新青年》杂志第四卷第五号上发表第一篇现代白话小说《狂人日记》，开始用"鲁迅"笔名。

1920年　先后被聘为北京大学、北京高等师范学校讲师。

1921年　小说《阿Q正传》在北京《晨报副刊》上连载。

1923年　第一本小说集《呐喊》在北京新潮社印行。11月，《中国小说史略》上册由北京新潮社出版，下册于次年6月出版。

1924年　应西北大学及陕西省教育厅之邀，赴西安作夏期讲学，在西北大学讲《中国小说的历史的变迁》。同年11月17日，《语丝》周刊在北京创刊，鲁迅为主要撰稿人之一。

1925年　与韦素园、曹靖华等组织以翻译出版外国文学著作为宗旨的未名社。

1926年　因支持女子师范大学学生爱国运动，被北洋军阀政府列入通缉名单，离寓避难于莽原社等地。8月，第二本小说集《彷徨》由北新书局出版。9月，任厦门大学国文系教授兼国学院研究教授。

1927年　离开厦门赴广州，任中山大学文学系主任兼教务主任。7月，散文诗集《野草》由北京北新书局出版。10月，从广州抵上海，与许广平一起迁入东横浜路景云里23号。

1928年　与郁达夫合编的《奔流》月刊创刊。9月，散文集《朝花夕拾》由未名社出版。12月，与柔石等组成朝花社，先后编印《朝花》周刊、旬刊，版画丛刊《艺苑朝花》及《近代世界短篇小说集》等。

1930年　参加中国自由运动大同盟成立大会，列名为发起人之一。出席中国左翼作家联盟成立大会，被选为执行委员。

1931年　"左联"青年作家柔石等被捕，鲁迅处境危险，由内山帮助，于1月20日全家移至黄陆花园庄旅馆暂避，3月28日返回寓所。

1932年　因"一·二八"淞沪战争，经内山安排，全家避居内山书店。11月，先后在北京大学、辅仁大学、女子文理学院、北京师范大学、中国大学讲演。

1933年　出席中国民权保障同盟上海分会成立大会，被选为执行委员。

1934年　《译文》月刊创刊，第一至第三期由鲁迅主编。

1935年　编辑被国民党杀害的瞿秋白的译文集《海上述林》，后又请内山设法送至日本印刷。

1936年　短篇小说集《故事新编》由上海文化生活出版社出版。10月17日，杂文《因太炎先生而想起的二三事》，成为先生最后一篇文章。10月19日凌晨5时25分，鲁迅在大陆新村9号寓所逝世，终年56岁。